営業本のベストセラー
100冊を分析して、
売れる
THE RULES OF SELLING SALES
BASED ON AN ANALYSIS OF
THE 100 BEST-SELLING SALES BOOKS.
営業のルール
まとめました。

菊原智明
Tomoaki Kikuhara

KADOKAWA

売れるルールが分かると、

営業が楽しくなる。

はじめに

100冊のエッセンスと30年間の知見を詰め込みました

　お会いする多くの営業スタッフから、このような悩みをお聞きします。

「営業ノウハウを学びたいが、どの本を読めばいいか分からない」
「仕事が忙しくて読書している暇がない」
「手っ取り早く知識をインプットしたい」

　私自身も営業で苦戦しているときに「時間がない」「何を読んで知識を得ればいいか分からない」といった悩みを常に持っていたので、気持ちはよくわかります。

　まず営業に関連する本とひとくくりにいっても、様々な方向性のものが存在しています。

　　・社交的でパワフルな人が書いたもの
　　・内向型、口下手な人が書いたもの
　　・一発逆転型とコツコツ型
　　・個人営業向けと法人営業向け

など、多数ありすぎてこれでは迷ってしまうのも当然です。
さらに時間がない中で乱読するのは難しいものです。
そしてようやく手に取った１冊の本が自分にピッタリの内容だっ

た…という幸運はあまりないでしょう。

　特に「**伝説のトップ営業**」**が書いた本は読むぶんには楽しいもの
の、再現性に乏しいことも多くあります。**

　特殊で破天荒なノウハウを目にして「イヤイヤ、それは無理でしょ」と思うことも少なくなかったはずです。

　契約を取る方法は十人十色。

　各営業スタッフの個性が強く出ることもあり、「9割の営業本は
そのままの内容では参考にならない」という感じです。

　ただし、どんなに変わっている営業ノウハウでも共通している内
容があります。

　「結果を出すためのコアな部分」は同じなのです。

　私は営業の世界に足を踏み入れてから数えきれないほどの営業に
関する本を読んできました。少なく見積もっても、500冊以上は読
んでいます。

　古典的な名著からベストセラー、今も現役で活躍されるセールス
スタッフたちの書籍まで。

　**そんな500冊以上の中から「これは成果につながる」と確信した
100冊のエッセンスを厳選。**

　**さらに私自身の約30年間の営業ノウハウの蓄積やこれまで指導
してきた3万人の営業と接してきた知見を本書に全て込めました。**

　本を買うコスト、読む時間などを考えれば相当コストパフォーマ
ンスがいいと断言できます。

売れる人と売れない人の「小さな差」

　私はかつて住宅営業マンをしていましたが、売り上げは常に下位でした。

　23歳で入社してから30歳に至るまで、売れない営業としてどん底を味わってきた人間です。

　才能や営業センスは人より劣っていましたし、人並外れた努力をしてきたわけでもありません。話下手で、前向きなタイプでもありません。

　結果を出せずに苦戦している人の気持ちがよく分かります。

　苦しい時代を7年間以上は味わったものの、結果的にトップ営業になることができました。

　そうして、どん底から這い上がって身をもって感じたのは

「売れない営業と売れる営業の差はほとんどない」

　ということです。

　結果が出せず苦戦している多くの営業には**「ちょっとした基本的な要素」**が抜けているだけなのです。

この本には大切な基本をカバーできる要素がぎゅっと濃縮されています。

私自身も売れない時代を乗り切ったベースには、多数の本からのインプットがありました。

営業の土台がないままに自己流で突っ走った結果、大変長く苦しみました。

売れない営業時代の自分が「**もっと早く知っておけばよかった**」と想うような内容を、この本に込めています。

裏技を期待している方には、申し訳ありません。

この本には伝説的な営業が1日で1億円の商品を売った商談術はありませんし、キラーフレーズでお客さんを100％口説き落としたという秘技も載っていません。

ただし、**読めば確実に差がつく「再現性のあるスキル」**を徹底的に紹介しています。

手っ取り早く「営業のルールを知りたい人」に最適の営業の土台となる一冊になっています。

営業は、基本的に１年目からでも結果を求められます。
　評価軸が明確です。

　それは、売上を上げることでしょう。

　シビアな仕事なので、残念ながら営業を目指す人も年々減っているようです。
　また、ベテラン営業でも時代の流れとともに、成績が落ち込み、なかなか成果を出せない方もいるかと思います。

　しかしそういった苦しい時に、裏技に走ろうとしてしまいがちになりますが、そんなものはないのです。
　いまいちど本質を知り、**基本に近い方法を徹底していくことが大事**です。

　そして結果は大事なのですが、忘れてはいけないことが１つあります。

　目先の売上だけにとらわれすぎて、お客様のことを考えずに売り込むような営業にはなってほしくはありません。

「お客様に真摯な」売れる営業になるために、必要なノウハウを、この本でお教えいたします。

本書の構成について

本書で扱うのは次のような内容です。

第1章は「見た目」についてです。

営業において特に「見た目」は非常に影響力があり、多くの著者がその重要性を述べています。さまざまな見解をまとめましたので、この章で「見た目で得する」スキルをおさえてください。

第2章は「トーク」についてです。

トークは著者によって「最も違いが出るスキル」といえます。

ただし、根本的な部分を読み取ると共通する内容がいくつか見えてきます。

この章で売れる営業のトークの共通点をぜひ学んでください。

第3章は「アプローチ」についてです。

契約を取るためには色々な方法で、お客様にアプローチして商談のテーブルに乗って頂く必要があります。そのための重要なキーワードは"信頼関係"です。

これはほとんどの書籍で述べられていることです。

この章でお客様と信頼関係を構築するコツをつかんでください。

第4章は「ヒアリング」についてです。

結果を出している営業でヒアリングが弱いという人に出会ったことがありません。

この章ではどうやってお客様から深く聞き取っていくのかを学んでください。

第5章は「商談」についてです。

商談では「おさえるべきポイント」というものが存在しています。

そのツボを確実におさえられるかどうかで、商談が成功するか、失敗するかが決まります。ツボのおさえ方をマスターしてください。

第6章は「クロージング」についてです。

営業活動において一番の肝がクロージングです。

売れる営業は間違いなく、クロージングに自信を持っています。

結果を出すためのクロージングの見極め、具体的なノウハウについてまとめております。

第7章は「アフターフォロー」についてです。

契約を取るまではいいのですが、そのあとは手薄になってしまうというのでは長く活躍することはできません。

この章で長期で結果を出す営業のアフターフォローについてしっかりと学んでください。

第8章は「習慣術」についてです。

売れる営業は営業スキル以前に「基盤となる習慣」がしっかりしています。

時間の使い方、考え方、フィジカル、メンタル、について学び、売れる営業になるための習慣を身につけてください。

細かい項目は、次のページの目次をごらんください。

　さっと目を通しただけで「あれ、これは抜けていたな」と気づきがあるはずです。

　そして、**足りなかったピースがカチッとハマった時、今までの苦しい経験がウソのように、結果が出てくるのです。**

　あなたがこの本をきっかけにして売れる営業になることを心より願っております。

営業コンサルタント

関東学園大学　経済学部講師

菊原智明

営業本のベストセラー100冊を分析して、
売れる営業のルールまとめました。

CONTENTS

はじめに …… 4

第 1 章

売れる営業の「見た目」

見た目にこだわる …… 20

RULE
1 服装を「お客様視点」で決めている …… 22

RULE
2 出会いからの15秒間に注力する …… 26

RULE
3 「客観視する習慣」を持っている …… 30

RULE
4 心地よい「口調と声の質」を意識している …… 34

RULE
5 小物には個性を出す …… 38

CheckList …… 42

第 2 章

売れる営業の「トーク」

トークにこだわる …… 44

RULE
6 商品を売るのではなく「価値」を売る …… 46

RULE
7 メリットだけでなくデメリットも伝える …… 50

RULE
8 さりげなく距離を縮める会話をする …… 54

RULE
9 質問とネタの準備を怠らない …… 58

RULE
10 お客様の感情を動かしている …… 62

CheckList …… 66

第 3 章

売れる営業の「アプローチ」

アプローチにこだわる …… 68

RULE 11 売り込まない ⋯⋯ 70

RULE 12 営業の「PDCA」をしっかりおさえている ⋯⋯ 74

RULE 13 お客様が迷うことを
「いかに減らせるか」と考えている ⋯⋯ 78

RULE 14 売り込み電話ではなく「見極め電話」をしている ⋯⋯ 82

☐ CheckList ⋯⋯ 86

第 **4** 章

売れる営業の「ヒアリング」

ヒアリングにこだわる ⋯⋯ 88

RULE 15 「深いニーズ」をヒアリングしている ⋯⋯ 90

RULE 16 お客様を自己説得させている ⋯⋯ 94

RULE 17 悩みを「1つに絞って」解決する ⋯⋯ 98

RULE 18 素直にヒアリングして裁判官のように
厳しくチェックする ⋯⋯ 102

RULE 19 モチベーションパーソンを明確にしている ⋯⋯ 106

☐ CheckList ⋯⋯ 110

第 **5** 章
売れる営業の「商談」

商談にこだわる …… 112

RULE 20 時間と労力を奪うお客様からいち早く手を引く …… 114

RULE 21 本当の予算と要望を見極める …… 118

RULE 22 曖昧な表現をせず「具体的な数字」で伝える …… 122

RULE 23 商談に入るまでの「空気のつくり方」が自然である …… 126

RULE 24 競合他社を熟知している …… 130

CheckList …… 134

第 **6** 章

売れる営業の 「クロージング」

クロージングにこだわる ····· 136

RULE
25 クロージングでは無駄口を叩かない ····· 138

RULE
26 支払い能力と決定権者を把握している ····· 142

RULE
27 長期フォローを大事にしている ····· 146

RULE
28 「いいお客様」を見極める目を持っている ····· 150

RULE
29 成功からも失敗からも学んでいる ····· 154

CheckList ····· 158

第 **7** 章

売れる営業の「アフターフォロー」

アフターフォローにこだわる …… 160

RULE
30 既契約者も喜ばせる …… 162

RULE
31 「紹介をもらう」前提で接する …… 166

RULE
32 アナログツールを駆使している …… 170

RULE
33 クレームに真摯に対応している …… 174

RULE
34 クレームは「再購入率が上がる」と心得ている …… 178

CheckList …… 182

第 **8** 章

売れる営業の「習慣術」

習慣にこだわる …… 184

RULE
35 午前中に仕事を終わらす …… 186

RULE
36 決断力と集中力に長けている …… 190

RULE
37 短期目標と長期目標を立てている …… 194

RULE
38 営業力を上げる勉強をしている …… 198

RULE
39 健康を大事にする …… 202

RULE
40 楽しみながら継続している …… 206

CheckList …… 210

おわりに …… 211

参考にさせていただいた書籍リスト …… 218

第 1 章

売れる
営業の
「見た目」

見た目にこだわる

見た目にも売れるルールがある

営業において、「見た目」は決して軽視できません。

基本的にビジネスマンの服装や外見は個人の選択とされていますが、**「売れる営業」として成功を収めるためには、一定のルールが存在します。**

トークやプレゼンのスキルは申し分ないのに、なぜか成績が上がらない方もいらっしゃるのではないでしょうか。

そこには、もしかしたら見た目も影響しているかもしれません。

私は苦戦している営業からトップ営業まで様々な方と接する機会がありますが、やはり苦戦している方ほど見た目をおろそかにしがちな傾向が見受けられます。

「相手にどう見られるか」という部分が鈍感になってしまっているのです。

見た目の変化は「即効性と影響力」が絶大

営業の場面では、一期一会のチャンスが多く訪れます。

そして、**お客様は最初の印象である程度の判断を下すものです。**

その第一印象を後から修正することは難しいものです。

だからこそ、見た目を変えることには大きな意味があるのです。

見た目を変えることは、実際にすぐに修正が可能ですし、お客様に与える影響力も大きいです。

　スキルやトーク、クロージングといった営業のステップに進む前に、**まず最初に考えるべきは見た目です。**

　その印象が、その後のあらゆるコミュニケーションを大きく左右することを忘れてはいけません。

信頼を構築する基盤

　服装や身だしなみは、自己表現の一環でもあります。

　自分自身のプロフェッショナリズムや誠実さを示す手段でもあります。

　適切な服装や整った外見は、信頼感を構築し、お客様との関係を深める基盤となるのです。

　この章では見た目に対して気をつけるべきことをご紹介していきます。

　スキルや知識も大切ですが、最初にお客様に与える印象が、その後の成功に影響を与えることを忘れないようにしましょう。

服装を
「お客様視点」で
決めている

1 「お客様にとって」印象のいい服装にする

2 「清潔感」と「無難な着こなし」が大事

3 見た目には暗黙のマナーがある

「お客様にとって」印象のいい服装にする

　営業職を経験していれば「見た目が大切」と聞いて、反論する人はいないでしょう。これは多くの営業本でも述べられています。

　営業としての知識量やトークスキルを考える前に、「営業のプロ」として、ふさわしい見た目になっているかどうかを一番にチェックする必要があります。

　ごく当たり前の考え方ですが、見た目をおろそかにしている人は多いのです。

　重要なのは自分の基準で服装を決めないことです。

「お客様にとって」印象のいい服装にする必要があります。

　『かばんはハンカチの上に置きなさい』（ダイヤモンド社）で川田修さんは「私のスーツは紺かグレーで、ワイシャツは白しか着ません。」「仕事上の服装は自分が主ではなく、あくまでお客様を主に考えるべきではないか。その服装自体が、お客様を尊重していること

の表れじゃないか」

と述べています。

服装は自己満足ではなく、お客様を主に考えるべきであり、お客様に対して変に違和感を持たさない着こなしが求められます。

「清潔感」と「無難な着こなし」が大事

シンプルに言えば、無難に着こなすこと。そして清潔感が大事です。

「無頓着」でもダメですし、「やり過ぎ」も敬遠されます。

私自身も何万人もの営業スタッフと接していると、若手やベテランを問わず、清潔感と服装でそうとうな損をしている方とたくさんお会いします。

本人が気づきにくいパターンとしては下記のようなものがあります。

・絶妙に丈感が合ってない
・襟・袖が汚い
・ワイシャツの袖付近がほつれている
・眉毛が整っていない
・髭の剃り残しが目立つ
・爪が長い
・寝ぐせなのかわからない無造作ヘアー

日本一BMWを売ったセールスマン飯尾昭夫さんも、シンプルかつ清潔な服装が一番と指摘しています。

「シンプルなファッションのほうがどんなお客様の前でも無難です。清潔でシワのないスーツ。ピシッとしたシャツ。明るいネクタイ。折り目がきれいに出ているズボン。ピカピカに磨いた革靴。それでいいと思っています。」（『なぜ、私はBMWを３日に１台売ることができたのか』／ダイヤモンド社）

見た目には暗黙のマナーがある

　必ず押さえておきたい売れる営業の服装を総まとめしておきます。

　まずはこの見た目の部分を意識していきましょう。

・服装
自分の体形に合ったサイズか
シワや汚れのないようにメンテナンスをしているか
紺やグレーなどの無難でシンプルな色と柄になっているか
・靴
きれいに磨かれているか
靴底がすり減っていないか
・髪形
奇抜さのない整った髪形か
前髪は目が隠れない長さか
・手
爪が伸びていないか
肌があれていないか

これらは本当に基本ですが、忘れがちなポイントです。
営業のスキルを学んで「努力をしているけどなぜか上手くいかな

い」という悩みを抱えている人もいるかもしれません。そういった人は営業のやり方を見直す前に、見た目についてまず点検してみましょう。

　もしかしたらいい結果につながっていないのは実力が足りないのではなく、今の見た目に問題があるのかもしれません。

　営業で着る服は自分の好みではなく「いかにお客様にいい印象を与えられるか」という基準で選ぶようにしてください。

POINT

服装が無難か清潔感があるか
「お客様の立場になって」考えること

出会いからの
15秒間に注力する

1 **出会いの15秒で見切られる**

2 挨拶から名刺交換するまでの時間に力を注ぐ

3 さりげなく「自分を売る」

出会いの15秒で見切られる

営業においては特に「出会った時の印象」が非常に重要です。

友達関係であれば初めの印象は最悪だったが、時間が経つにつれて印象が変わり親友になったということもあるでしょう。

しかし、営業ではそういったことはまずありません。

営業とお客様が接する時間には限りがあり、**第一印象のよくない営業に対して「また会いたい」と思う人はいないでしょう。**

多くの本で「人は出会って数秒で印象を判断する」という話があります。あなたも出会った人に対して短時間で「この人は良さそうだ」もしくは「あまり感じが良くない」などと自然にジャッジしていると思います。

赤字体質だったスカンジナビア航空を1年で経営回復させたヤン・カールソンは「出会いの15秒」を大切にしていました。

「1000万人の旅客が、それぞれほぼ五人のスカンジナビア航空の従業員に接した。1回の応接時間が、平均十五秒で、一年間に

五〇〇〇万回、顧客の脳裏にスカンジナビア航空の印象が刻みつけられたことになる。その五〇〇〇万回の"真実の瞬間"が、結局スカンジナビア航空の成功を左右する。」(『真実の瞬間―SAS(スカンジナビア航空)のサービス戦略はなぜ成功したか』／ダイヤモンド社)と述べています。

お客様は航空機を利用する間にずっと消費体験をしていると思われますが、**実際の顧客満足度を左右するのは、直接スタッフと向き合っている15秒に集約される**という考え方です。

つまり、この15秒間を失敗すればお客様には「企業の商品・サービス」も利用されないということなのです。

当然ながら、業界や職種によって、秒数に誤差はあると思いますが、この出会いの数秒間はお客様をつなぎとめられるかどうかの一番重要なタイミングだと言っても過言ではないでしょう。

挨拶から名刺交換するまでの時間に力を注ぐ

営業で言うと15秒間というのは「**出会って名刺交換するまでの時間**」がそれにあたります。結果を出している人は出会いの瞬間の重要性を熟知しており、最大に集中して臨みます。

名刺交換が終わった時にはアドバンテージを取っているのです。

私も様々な場所で名刺交換をさせて頂きます。営業スタッフはもちろん、社長や新入社員まで様々な方と名刺交換をしますが、そこで出会う多くの人たちが名刺交換の時間を重視していません。

・名刺を切らしている人
・手持ちの名刺がよれていたり、汚れている人
・名刺交換のマナーが適当な人

営業の現場でこういう態度の人が活躍するのは難しいでしょう。

『一生使える「営業の基本」が身につく本』（山本幸美 著　大和出版）でも

「名刺は、まさに『自分の分身』。したがって、自分がお客様に差し出す名刺の状態を定期的に点検する習慣を身につけましょう。」
とあります。

さりげなく「自分を売る」

挨拶から名刺交換まで、売れる営業の多くは好印象とインパクトを与えるために、さりげなく「自分を売る」努力をしています。

まずは、しっかりと両手で名刺を渡したらフルネームを名乗ります。

そして名前を伝えるとともに「自分の売りと強み」をシンプルに述べます。名刺交換をするということは、お互いに初対面です。

前もって調べない限り、相手の情報は分かりません。そこで「**考え抜かれた一言フレーズ**」で独自性を伝えているのです。

例えばIT系の営業の場合。まずは「A株式会社の清水太郎と申します」と会社名と名前をしっかりと名乗ります。

そのあとに「私は3年間エンジニアをしていましたから、顧客管理ソフトの知識は誰よりも詳しいです」などと付け加えるのです。

これを聞いた相手は「この人は管理ソフトのプロなんだな」と認識します。ここで長々と自分の話をしては相手が引いてしまうので、一言または短く伝えましょう。

また名刺と一緒に「**自己紹介シート**」を渡すことも有効です。

その有用性も多数の本で指摘されています。

「お客様は何百回も名刺交換をするわけです。そのなかにあって、思い出してもらわねばなりません」「一流は、名刺と『自己紹介ツール』を渡す」(『営業の一流、二流、三流』／伊庭正康 著　明日香出版社)

「お客様が自己紹介シートを見るとあなたの情報が目に飛び込んでくることで、例えば『旅行が好きなんですね。私も休暇を使って旅行に行くのが趣味なんです。』など、商談の冒頭から和やかな雑談が始まるきっかけとして機能します。こうしてお互いの自己開示が進むことで、関係性がよくなるほか、商談の時間で様々な話が聞きやすくなります。」(『シン・営業力』／天野眞也 著　クロスメディア・パブリッシング)

> 1　名刺交換をする際、名刺を名刺入れの上にのせて両手で渡す。
> 2　会社名とフルネームをはっきり名乗り、一言自分の強み（自己紹介）を添える。もしくは、フルネームで名乗り、お時間があるときにご一読くださいと添えながら「自己紹介シート」を渡す。

これが効果的です。インパクトのある名刺交換をマスターして出会いの15秒を制することができれば、間違いなく結果が出るでしょう。

POINT

「挨拶から名刺交換するまでの時間」に力を注ぐこと

「客観視する習慣」を持っている

Essence

1 メラビアンの法則を理解する

2 「自撮り」のすすめ

3 「振る舞いの弱点」を知り改善

メラビアンの法則を理解する

多くの売れる営業が言及している心理学として「**メラビアンの法則**」があります。

メラビアンの法則とはコミュニケーションをする中で、言語情報（話す内容）7％、聴覚情報（話し方）38％、視覚情報（顔の表情やジェスチャー）55％の割合で、相手に影響を与えているという心理学です。

人々は情報を理解する際には言葉の意味よりも、声のトーンや話し方、見た目や身振り手振りなどが大きく影響しているということです。

112万超のベストセラー『人は見た目が9割』（新潮社）にて著者で劇作家の竹内一郎さんは、ついついコミュニケーションの「主役」は言葉だと思われがちだが、それは大間違いである。演劇やマンガを主戦場としている私は、人は能力や性格もひっくるめて「見た目が九割」といっても差し支えないかと考えている。

と述べています。

「自撮り」のすすめ

そこでお客様に視覚でいい印象を与えるためにまずやって頂きたいのは、**「客観的に自分の営業中の姿を見て知る」**ということです。現実を知らない限り改善することはできません。

多くの売れる営業が密かに実践しているのが、自分の振る舞いや表情を「撮影」しておくことです。
プレゼンの様子やロープレを会社や、自分の家で撮影してみましょう。

私も講師として始めたての頃に、自分の姿を客観視してみて驚いたことがあります。
撮影していることは意識してたので、「立ち振る舞いやボディーランゲージなど、そこそこは出来ているのでは」と思い再生ボタンを押してみました。
その結果は散々なものでした。

・笑顔が少なく、時間がたつにつれて下を向きがちに
→自信なげに見える
・ボディーランゲージはなく、動きは単調
→説得力に欠ける
・パワーポイントが上手く操作できなかった
→頼りがいがなく見える。相手を不安にさせてしまう

これを見ていた営業スタッフたちから「この講師はイマイチだ

な」と思われたに違いありません。

「振る舞いの弱点」を知り改善

特に表情には気をつけたいものです。表情が硬いだけで、相手は「脅威」に感じてしまいます。いつも笑顔でいるのは不自然ですが、**表情が硬くなりがちな人は意識して笑顔をつくってみるくらいがちょうどいいのです。**

ノンバーバル研究の第一人者である佐藤綾子さんは笑顔の効果とその作り方を述べています。「笑顔の最大の効果は、相手の警戒心を解くことです。顔全体で笑おうと思うと大変ですが、口の周りの筋肉を動かすことはわりと簡単です。口の両サイドの「口角挙筋」に力を入れて、唇の両端を少し上げましょう」(『できる大人の「見た目」と「話し方」』／ディスカヴァー・トゥエンティワン)

自分では「まあまあ出来ている」と思っていても、人から見ると「なんであんなに自信なさそうにしているの？」と思われていることもよくあります。

99%の人は毎日のように鏡で自分の顔を見ているはずですが、それは一面的です。

ほとんどの方が好感を持たれづらい表情を、無意識にしてしまっていることに気がつかないのです。

しかしそれが録画になると話は変わってきます。今まで自分が見たことがない角度から見ることになります。たいていの人は自分の姿にガッカリするものです。お客様を想定してプレゼンをしてみるなど自宅でもできることです。

最低限、次の３つは心がけましょう。

・背筋を伸ばして堂々と立つ
・自然な笑顔を心がける
・話しているときにジェスチャーを加える

ストレッチやトレーニングをして背筋がまっすぐに伸びるように矯正したり、表情筋を鍛える努力も大切ですね。

営業スタッフは第一印象が極めて重要になってきます。

気難しい顔をして、お客様から「なにこの人、感じ悪い」と思われてしまったのでは、チャンスはつかめないのです。

売れる営業が自信があるようにみえるのは、「自分を客観視」しているからに他なりません。

また自分の立ち振る舞いを動画に撮ってチェックしてみてください。

そして良くない部分を修正していきます。これをすることで間違いなく結果は出るものです。

POINT

**自分を客観視して、
弱みを改善していくこと**

心地よい
「口調と声の質」を
意識している

1 特に「抑揚と強弱」に気をつける
2 誰かの前で話す練習
3 ボイトレや録音も効果的

特に「抑揚と強弱」に気をつける

売れる営業に共通するのは「心地よくて感じのいい語り口」です。

多くの営業本にも共通するポイントとしては、3つあります。

1.言葉がハッキリしていて聞き取りやすい
2.話すスピードがちょうどいい
3.抑揚や強弱がある

前の項目のメラビアンの法則では「聴覚情報が38%」でした。

視覚情報の次に、話し声というのは重要な要素になっているのです。話し方や声のトーンが相手とのコミュニケーションに大きく影響しています。

1や2のように、言葉がはっきりしていて、相手が聞き取りやすいスピードというのは当然ですが、特に見落としがちなのは「抑揚

や強弱がある」かどうかです。

『営業マンは「商品」を売るな！』（サンマーク出版）で、加賀田晃さんは「**話のポイントとなる大事な部分に言及するときは強く、はっきりと話し、それ以外の前置きや修飾語などは通常のトーンでやや早口めに話す。**」と述べています。

　一本調子で話していても、一方的に聞かされているお客様は飽きてしまいますし、何を言いたいのかがぼやけてしまうのです。

誰かの前で話す練習

　誰かの前で話す機会を作ってみるのもよいでしょう。
　伝説のトップ営業であるフランク・ベトガー氏は、人前で話すことに苦手意識を持っていましたが「話し方教室」に通った結果、営業人生が好転しました。

　著書では、「**私は多数の聴衆の前で平気でスピーチできる度胸がつくと、個々の人たちと面接して対話する場合にも、人おじをしなくなるものだということを発見した。―中略―これが私の運命を転換するひとつの大きなポイントとなったものである**」（『私はどうして販売外交に成功したか』／ダイヤモンド社）と述べています。

　フランク・ベトガー氏のように話し方教室に通ってみるのも一つの手ですし、知り合いや身近な人と１つの話題について思っていることを話してみるのもよいでしょう。

　はじめはかなり恥ずかしい思いをするかもしれません。

しかし、あなたの営業人生にかなりのインパクトを与えることになるでしょう。

ボイトレや録音も効果的

もう一つ、自分の声、話し方を客観的に知ることも有効です。

時間とお金があればボイストレーニングに通ってみるのも、一つの手です。

そのほかにはICレコーダーやスマホのアプリで自己紹介をとってみましょう。可能であれば先方に断りを入れるなどして、レコーダーを内ポケットに入れて接客やテレアポの様子を録音するとさらに効果的です。

録音で聞く声が、相手が聞いている声ですので、客観的にとらえることができます。

・相槌の大きさ、回数
・話すスピード
・間があるかどうか
・話しの構成
・笑顔はどうか
・ボディーランゲージの種類や大きさ

などなど、この辺りをチェックしていきましょう。

また可能であればトップ営業とお客様とのやり取りを見てみましょう。

何らかの手段でその様子を体感してみることです。同席をお願い

してもいいですし、リモートで商談した録画を見せてもらうのも参考になります。

　このようにトップ営業の話し方やアナウンサーの話し方と比較してみるのも効果的です。
　これらの特徴を意識してお客様に話をすれば、好印象を持ってもらえるようになります。
　そうなれば自然に結果はついてくるものです。

「声の強弱や声質」にまで気を使うこと

小物には個性を出す

1 **持ち物は自己表現の手段**

2 **3大ツール「カバン」「手帳」「筆記用具」**

3 **セルフイメージが上がる**

持ち物は自己表現の手段

プロアスリートは道具にこだわりを持っています。

プロ野球選手はバットやグローブにこだわりを持っていますし、プロゴルファーはクラブやボールにこだわりを持っています。

「道具なんて全く興味ないし、使えればなんでもいいよ」などと言うプロは一人もいません。

これは営業でも言えることです。

トップ営業は、営業のプロとして仕事で使う持ち物にこだわりを持っています。

持ち物にこだわることでお客様に自分の仕事におけるプロの姿勢を表し、周囲に対して信頼感を与えます。

特に小物類は自己表現しやすく、相手への印象に変化をもたらしやすいです。

またお客様との会話のきっかけになることもあります。

悪い例を思い浮かべるとよく分かるでしょう。

　例えばあなたの前に次のような営業スタッフが現れたとしましょう。

・カバンは古くてボロボロ
・手帳は薄くてチープなもの
・ボールペンは粗品でもらったようなもの

　などなど。

　こんな持ち物を使っていたらどう感じますか。よっぽど欲しい商品であれば別ですが、たいていは「この人からは買いたくない」と思ってしまうものです。

　トップ営業は持ち物にこだわりを持っています。

　その中で多くのトップ営業がこだわりを持っている影響力の強い3つのツールを紹介します。

3大ツール「カバン」「手帳」「筆記用具」

・カバン

　カバンは営業スタッフの持ち物の中でも大きなツールです。

　ハイブランドのカバンを使う必要はありませんが、黒や茶色の落ち着いた色を選び、よく手入れをしてください。

　センスの悪い柄物や薄汚いカバンを持っている営業スタッフからはできれば物を買いたくないと思ってしまいます。

　それだけでチャンスを失うこともあるのです。

　できる営業スタッフはお客様から好印象をもたれるカバンを使っていますし、さらに中身も整理整頓しています。

・手帳について

　手帳は商談時にカバンから出してテーブルに置くものです。

　これは影響力が大きいツールです。

　使っている手帳を見るだけで"売れている営業スタッフ"なのか、それとも"苦戦している営業スタッフ"なのかがおおよそ見当がついてしまものです。

　トップ営業は総じて手帳にこだわりを持っており、質の良い革製の高級感のあるものを使っています。

　その逆にダメ営業は安っぽい手帳を使ったり、粗品でもらったような手帳を使っていたりします。

　手帳と同様にスマホ、パソコン、タブレット等も見られていることを忘れないでください。

・筆記用具、ボールペンについて

　ボールペンは粗品でもらったようなものを使うのではなく、少し高いものを使うことをおススメします。

　安っぽく、しかも出が悪いボールペンを使っているところを見ると「この人に任せて大丈夫だろうか…」と不安になります。

　安価なボールペンを使っている人はちょっと高めのものに変えてみましょう。

　ある生命保険のトップ営業は「男性用は重く重厚感のあるものを使い、女性用の細めのボールペンを用意する」とも言っています。ここまでするのが本当のプロです。

　一度あなたの持ち物をチェックしてみてください。

　・色やデザインが個性的すぎる

　・安っぽい

　・使い込んでいて劣化している

こういったものがありましたら、質のいいものに買い替えてみてはいかがでしょうか。

セルフイメージが上がる

お客様に好印象を与えられるのはもちろんのこと、自身のモチベーションを高めるためにも効果があります。

さらには質のいいものに変えると「なんか売れそうだ」とセルフイメージも上がります。

非常に費用対効果の高い方法です。

カバンや手帳、ボールペンなど少し高めのものや質にこだわったものに変えてることをおすすめします。

営業で結果を出すためにこだわりを感じさせる持ち物に投資してみてはいかがでしょうか。

POINT

**小物にこだわりを持つことで
お客様からの印象が大きく変わる**

売れる営業の「見た目」
Check List

服装が無難か清潔感があるか
「お客様の立場になって」考えること

「挨拶から名刺交換するまでの時間」に
力を注ぐこと

自分を客観視して、
弱みを改善していくこと

「声の強弱や声質」にまで
気を使うこと

小物にこだわりを持つことで
お客様からの印象が大きく変わる

第 2 章

売れる営業の「トーク」

RULE

0

トークにこだわる

営業の要であるトーク

営業に必要なスキルといえば、「トーク」です。

ただし営業にはいろいろなタイプがあり、内向的でトークが不得意な営業や、逆に社交的でお話が好きな方もいらっしゃるでしょう。

この章では、どちらであっても使えるようなトークの心構えについてお届けしていきます。

3万人以上の営業スタッフを見てきた印象としては、最近は内向型の割合も多くなっていて、さらに内向型に向けた本も多数刊行されています。

実際にお客様側としても、話し込んできたり、グイグイこられることに抵抗がある方も多いですから、内向型の営業が好まれることもあるでしょう。

ただし、**「自分の意見や商品の魅力を伝える力」が、内向的な人にも求められます**から、内向型であっても、トークに関する適切なテクニックを学ぶことで、相手の興味を引き信頼を築くことが可能です。

成果を上げる上での大きな武器となります。

一方で、社交的な人は、トークに自信があることが多いです。

　ただし、**うまくおしゃべりできるからといって、必ずしも「相手に伝わる」わけではありません。**

　相手のニーズを聞き出し、適切なタイミングで提案するスキルなどが、成功の鍵となります。

　おしゃべりとしてのスキルと営業トークをわけて考えていくことが大切です。

話すと聞くの両面が重要

　話し手として明確で分かりやすい表現力を身につけて、相手が納得し、興味を持って聞いてくれるような話し方を学ぶことも必要です。

　また聞き手としてのスキルを向上させることで、相手の本当のニーズを理解し、適切なアプローチを見つけることができます。

　トークというのは話すことだけではなく、「聞く力」も重要になってきます。

　お客様との信頼関係を築き、商品やサービスを魅力的に伝える力をこの章で高めていきましょう。

商品を売るのではなく「価値」を売る

Essence

1 話すべきは商品情報よりも解決策
2 お客様は価値を見定めている
3 具体的な解決策を伝えていく

話すべきは商品情報よりも解決策

新人営業が陥りがちなのが、せっかく覚えた商品知識を「お客様に全て伝えたい」と必死に話してしまうことです。

営業のプロがやるべきは、「お客様が抱えている問題を解決すること」です。

ですから、あなたが提案する商品が「どんな商品なのか」伝えることよりももっと大事なのは、「どのように役立つか」そして、「お客様の問題をどうすればなくせるか」を提案することです。

商品知識をもっておくことは必要です。

しかしながら今の時代は資料をみればお客様自身でわかることも多く、お客様から聞かれたときに「商品知識を取り出せるようにしておく」という意識がけで十分ではないでしょうか。

セールス・マーケティング本のベストセラー『ドリルを売るには穴を売れ』（佐藤義典 著 青春出版社）では「顧客は「ドリル」を

買っているわけではなく、「穴を開ける道具」を買っているのであり、あなたはドリルではなく「穴を開ける道具」を売っている。」とあります。

つまり**商品情報よりも、「価値を提供する」ことが重要**なのです。

お客様はモノではなく、価値を買いに来ているのです。そして、その価値とは、「抱えている問題を解決できること」です。

お客様は価値を見定めている

『セールス・イズ』（扶桑社）の著者、今井晶也さんは、「機能」や「特長」「利点」「効能」は、商品に紐づく情報です。一方で、「価値」とは相手が感じる必要度合いやモノサシであり、あくまで「お客様の課題」に紐づきます。と述べています。

お客様が抱えている問題はそれぞれですから、お客様によって価値が変わるということもおさえておかなくてはいけません。

例えば、ハウスメーカー会社に勤務していて、モデルハウスにてお客様の来店を待っている場合。

子連れのお客様が来店して玄関からリビングに移動したとします。リビングに収納があり、その説明をするとします。

・苦戦している営業の場合

「こちらの収納は幅2メートル×奥行30センチになっております。収納扉は高級感があります」といった商品情報や誰でもわかる話をします。

・売れる営業の場合

「リビングは収納場所が1カ所あり、奥行は30センチですが幅が2mもあるので、ここには**お子さんのゲームやおもちゃを収納したり、ジャケットなど、さまざまに収納できますよ**」と説明します。

とても小さな違いですが、売れる営業のトークには「**それで何が解決するか**」が明確に含まれています。

こう言われたお客様はこれからの暮らしをイメージするヒントになります。「そうそう、今住んでいるアパートは収納が少ないの。だからゲームとか服とか散らかっちゃうのよね」といった話につながることもあるでしょう。

お客様の悩みが直接解決していなくても情報を引き出すきっかけになります。

例えば上記のお客様の回答だけでも下記のことが分かります。

・今はアパートに住んでいる

・ゲームや服が散らかっている

・収納が少なくて困っている

解決策を伝えることで情報を引き出せます。

お客様自身は、商品に対してどういう価値があるのか常に見定めています。

ですから商品を売ろうとするより、価値を売ろうとする意識がとてつもない差になるのです。

それはノルマを達成しようとする自分の課題以上に、お客様の課題に向き合おうという意識に向かうからかもしれません。

具体的な解決策を伝えていく

　一見すると売れる営業は苦戦している営業と似たような話をしているように見えます。

　しかし、お客様の反応が全く違います。

　あなたもトップ営業とお客様のやり取りを聞いて「なんでこんなに話が盛り上がるの?」と不思議に思ったことがあると思います。

　それはトークで「具体的な解決策」を伝えているからなのです。

　今まであまり考えずにしていたトークを一度チェックしてみてください。

　そこに解決策が含まれていないのでしたら、考えて追加してみましょう。

　それだけで何倍も効果的なトークに生まれ変わります。

POINT

**お客様の「悩みを解決する」意識で
トークを準備しておくこと**

メリットだけでなく
デメリットも伝える

1 **デメリットを話すと信頼感が増す**

2 **メリットに関係したデメリットが重要**

3 **弱みをみせていい**

デメリットを話すと信頼感が増す

　相手を説得する際には、「**片面提示**」「**両面提示**」という2つのパターンがあります。

　良い面だけを提示することを片面提示といい、良い面も悪い面も提示することを両面提示と言います。

　良い面だけ言う人はうさんくさく感じる傾向があり、良い面・悪い面の両方言ってくれる人は信頼を得られるというものです。

　メリットだけ伝えていれば売れるわけではありません。

　その理由は、お客様は無知ではなく「すべてにおいて完璧な商品などない」と知っているからです。

　それにもかかわらず多くの苦戦する営業は「当社の商品の性能は他社と比較してもずば抜けており、コストパフォーマンスも最高です」といった偏ったトークをしています。

　しかもそれが原因で結果が出ていないことに気づいていません。

メリットばかりを伝えていると、お客様から「**この営業は本当の
ことを教えてくれないんだな**」と思われてしまいます。

　さらにあとから「**こんなデメリット知らなかった**」とクレームを
受ける種にもなりかねません。

メリットに関係したデメリットが重要

　多くの書籍であえて「商品のデメリットを伝える重要性」を述べ
ていますが、その伝え方にはコツがあります。

　『影響力の武器　実践編』（誠信書房）にて、社会科学者のゲルト・
ボーナーらの研究では、「両面提示」の際にさらに効果的な方法が
あると述べられています。

　「ボーナーはあるレストランの広告を三種類作りました。一つ目
にはくつろいだ雰囲気など、プラス面だけを載せました。二つ目に
はプラス面とそれに無関係なマイナス面を載せ、当店はくつろいだ
雰囲気ですが専用駐車場はありません、としました。三つ目にはマ
イナス面とそれに関係したプラス面を載せ、当店は狭いですがくつ
ろいだ雰囲気です、というようなメッセージにしました。―中略―
　二種類の両面的メッセージは、ともにレストランオーナーへの
信用を向上させましたが、レストランの評価が最も高かったのは、
三番目のプラス面とマイナス面に関連性があるメッセージでした。」

　以上をまとめてみます。

①メリットのみのせた

②メリットとそれに無関係なデメリットをのせた

③メリットとそれに関係したデメリットをのせた

　②③はともに信頼が増したが、③の「メリットとそれに関係した**デメリットをのせた**」場合はレストランの評価自体も上がったのです。

　多くのお客様は隠し事やごまかしを好みません。

　どんな商品にも弱点というものはあるでしょう。

　効果的なトークとして「デメリットを先に話し、次にそれに関係のあるメリットを話す」というやり方が最善です。

　多くの苦戦する営業がメリットばかりを説明する中、デメリットを包み隠さず伝えてくれる営業スタッフにお客様は好感を持ちます。また、デメリットを伝えた後にメリットを伝えるため「**メリットが引き立つ**」といった効果もあります。

　デメリットを補うようなメリットとセットで伝えることで、営業スタッフ自身のみならず、商品に対する信頼関係の構築に大きな影響を与えます。

弱みをみせていい

　私は各業界のトップ営業とお会いすることがあります。

　トップ営業は会話やトークでも必ずと言っていいほど、弱みをみせています。

　自己紹介の時点からストレートに「○○の分野は弱いですが、専

門はお任せください」といった言い方をする方もいらっしゃいます。

　専門分野をはっきりさせ、しっかりとブランディングしているのです。

　もちろん商品に関しても「この部分に関しては弱点がありますが、だからこそ〇〇なんです」といった説明をしてきます。

　これがテクニックだと気づいても、やはりこうしてさらけ出してくれることの信頼の方が大きいですね。

　あなたがもし「ほとんどメリットばかりを伝えている」というのでしたら、デメリットとそのデメリットを補うメリットを考えて、トークに取り入れてみてください。

　間違いなく効果を感じて頂けます。

POINT

メリットとそれに関するデメリットを伝えること

さりげなく 距離を縮める 会話をする

1 憶測で話をしない

2 名刺情報や勤務先の住所を会話の糸口に

3 お客様の名前を意識的に呼ぶ

憶測で話をしない

　売れる営業はいい印象を与えるために、雑談にもさりげない工夫をしています。

　特に使いやすい２つの方法をご紹介します。

　１つ目のポイントは**「限られた情報から自然に雑談をしていく」**ことです。

　営業の本には「まずは気軽な雑談で緊張感を解いた方がいい」「アイスブレイクをしよう」といった話が多々書いてあります。

　言っていることは分かりますが、そう簡単ではありません。情報がない中で適当なテーマで雑談をするのは難しいですし、逆効果になる危険性もあります。

　よくあるのは、体格がよく背の高い人に「何かスポーツをされていたのですか?」と聞いたところ「いつもそう言われるのですが、私はスポーツが苦手でして」と嫌な顔をされるという失敗です。そ

の人も毎回同じようなことを言われうんざりしているのでしょう。

　憶測で雑談して失敗することもあるのです。

　だからと言って何も話をしないのでは距離は縮まりません。

　確実に距離を縮めたいなら、限りある情報から話を発展させることです。

名刺情報や勤務先の住所を会話の糸口に

　例えば相手の名刺にもヒントがあります。

　名刺に書いてあることから話を展開させてみるのです。名前、住所、部署名、役職などなど、さまざまな情報が記載されていますね。

　これらをきっかけにして会話を展開させていくのです。

　例えばお客様の名前が珍しければ「このお名前は〇〇とお読みすればよろしいですか」と確認します。

　読み方を確認したら「珍しいお名前ですね。どの地域に多い名前なのですか」などと話を展開させます。ここから出身地などの情報が手に入ったりしますし、出身地のことを知っていれば会話につながっていくでしょう。

　勤務先の会社の住所が自分のなじみのある場所であれば、「〇〇に会社があるのですね。私も〇〇をしにいったことがあるんです」など、会話を広げることもできます。

　また部署について「これはどういったお仕事をされているのでしょうか」と聞いていきます。

　これもあとで重要な情報源になることもあります。

書いてあることに対する質問であれば、ハズすこともありませんし、人見知りで口下手なお客様だとしても自分のことであればある程度は話をしてくれます。

　あくまでも本題ではありませんから、雑談を大きく広げる必要はありません。

「お客様に関心を持っていることを伝える」手段として、「お客様と自分との温度差を消すこと」を目的に、雑談を活用しましょう。

お客様の名前を意識的に呼ぶ

　２つ目のポイントは、地域や部署について質問する際、お客様の名前を意識的に呼ぶということです。

　心理学的には**「ネーム・コーリング・テクニック」**と呼ばれ、名前を呼ぶことで、相手は自分にだけに話しかけていると認識するのです。

　営業コンサルタントの浅川智仁さんは相手を呼ぶ効果を**「相手の承認欲求を満たす重要な秘訣です。」**（『お金と心を動かす会話術』／かんき出版）と語っています。

　実際に、ある大手企業のトップ営業が、「出会ってから３分以内にお客様の名前を３回言うように教育された」と教えてくれたこともあります。そして、このルールを実行してから営業成績が上がったというのです。

　名刺交換をした際、お客様の名前の読み方や部署名などをネタとして話を展開させます。

その際、意識的に繰り返し名前を呼ぶのです。ただし違和感の出ない程度におさえましょう。

　名前を繰り返して呼ぶことで、こちらもお客様に親しみを持つようになります。

　こうしていい雰囲気が作れるのです。

POINT

雑談を使って「さりげなく」距離感を縮めること

質問とネタの準備を怠らない

1 **お客様のことを考えて準備する**
2 特に気をつけるべき質問は3つ

お客様のことを考えて準備する

結果を出す営業は事前に「お客様に何を聞けばいいのか」ということや「聞かれたらこのように説明する」といったことをしっかり準備しているのです。

トークのプロであるお笑い芸人も複数の話のネタを抱えて収録に挑むものです。事前に台本を読み込んで、テーマを知った上で挑むことも多いのです。

『営業は準備力』（野部剛 著　東洋経済新報社）において「トップセールスマンは、お客様の抱えている問題や課題などのニーズをあらかじめ仮定し、それに対してどう対応するのか事前に考えて準備しています。―中略―お客様からどんな球を投げられても、臨機応変に対応できるのです。」と述べられております。

今やどの業界でもお客様数は減少傾向にあります。
だからこそとにかくこれからは一人一人のお客様を大切にする必要があるのです。

今時、初対面のお客様に臨む際「まぁ行き当たりばったりのアドリブで問題ないだろう」という営業スタッフはあまりいないかもしれませんが、その準備が足りない人も多いのです。

　ネタを用意するだけで終わってはいけません。
　何の前振りもなく「こちらの新しいシステムですが去年開発されましてね、これがすごいんです。なぜすごいかというと…」と説明したらどうでしょうか。
　たいていのお客様は「何の話か分からない…」と思うでしょう。

　売れる営業はその前振りの「効果的な質問」を準備しています。
　先ほどの新しいシステムの話であれば、まず説明する前に「○○というシステムについて何か知っていることはありますか?」と質問します。
　人は質問されると「その質問に答えなくてはならない」と思い、そのシステムに関して思考をめぐらすことになります。
　お客様が考えている時点で「こちらに集中している」という状態が作れるのです。

　今のお客様はいろいろと調べてから営業スタッフの前に現れますから、お客様が何か知っていて「発売したのは知っていますよ。いいみたいですね」と答えてくれたとします。
　少しでも答えてくれたら「どのあたりをいいと思ったのですか?」と深掘りしていきます。
　お客様がその商品について話せば話すほど効果的です。

　ただ、お客様は「ちょっと分かりませんね」と答えることもあります。

聞いたことがあったとしても知らないと答えるお客様もいます。

お客様が知らないと答えたのであれば「では簡単に説明しますね」と言って用意していた「１分以内に概略を説明できる内容」を伝えていきます。

難しくて長い話は聞きたくありませんが「簡単に理解できる内容」であれば聞いてもらえます。

特に気をつけるべき質問は３つ

営業のプロが特に力をいれて用意しているのはこの３点です。

- 説明前の事前質問
- 深掘りトーク
- １分間で概略を伝えるトーク

これらを用意しているのです。

さらには「お客様の断りに対する受け答えトーク」に関しても準備しています。

こちらについては具体的な方法をお伝えします。

まずはこれまでの「お客様からの否定的な言葉」を思い出し、リストアップします。

- お金がない
- すぐは考えていない
- 他社と迷っている
  などなど。
  考えればたくさん出てくるでしょう。

この言葉に対する**「応酬話法」**を準備しておきます。

・お金がない　→　皆さん自己資金を使いませんし低金利で
　ローンが組みやすいと伝える
・すぐは考えていない　→　じっくり検討するのが当然のこと
　と伝える
・他社と迷っている　→　要望を整理してあげる

といったイメージです。

　断りを跳ね返すと考えるのではなく「〇〇ですから、大丈夫です
よ」といったくらいで十分なのです。このようなトークの準備が増
えると安心感が深まっていきます。

　1つ増えるたびに自信を持てるようになるものです。
　お客様に対処する準備がしっかりできるかどうかで、営業の成功
か失敗かの分かれ道となるのです。

POINT

**お客様の回答をイメージしながら
質問とネタの準備をしておくこと**

RULE 10 お客様の感情を動かしている

Essence

1 一歩踏み込んだ問いを投げる
2 感情が動くテーマをチョイス
3 モチベーションパーソンを見極める

一歩踏み込んだ問いを投げる

　営業には外交的な方もいれば内向的な方もいます。そして淀みなく話をされる方もいれば、話下手な方もいらっしゃいます。

　こうして、それぞれのトークスタイルは違うものの売れる営業に一貫して言えるのは「トークでお客様の感情を動かしている」ということです。

　苦戦している営業は表面的にそれっぽいトークをしていてもお客様の心に響くまでには至りません。これではどんなに頑張って話をしても、なかなか結果にはつながりません。

　結果を出している営業スタッフは商品説明やメリットを上手く伝えるのではなく、**「お客様の感情をいかに動かせるか」**と考えます。『なぜハーバード・ビジネス・スクールでは営業を教えないのか？』（プレジデント社）の中でも、最高のセールスマンは、さまざまなクライアントを相手に合わせた方法で魅了する。観客を前にした俳優のように、セールストークのなかにドラマチックな筋書きを織り

込んで相手の気持ちを揺さぶるのだ。と述べています。

感情が動くテーマをチョイス

感情を動かすコツは「一歩踏み込む」質問をしてみることです。
感情が動くテーマはいろいろあります。

　・家族や子ども
　・コンプレックス
　・仕事の面子

　例えば家族がいるお客様なら、その方の奥さんや子どもを気にかけてください。
「もし業績が落ちて給料が下がったら奥さんはどう言いますか?」
「これが達成できたら息子さんはどう思うでしょうか?」
　といった質問をします。
　家族より仕事を優先するといったお客様であれば、
「これで差をつけたらライバルはどう思いますか?」
「こんな結果が出たら後輩からどう思われそうですか?」
　といった質問をするのです。
　このようにお客様に考えてもらう時間を与えましょう。
　扱っている商品が、お客様の中で具体的なイメージに紐づいていきます。これは結果を出すためのキーポイントになります。

　現在はモノがあふれた状態ですから消耗品や日常品は別として、
「必要だから買う」といった衝動は起こりません。
　あなたが何かものを購入した際、「なぜか感情が揺さぶられた」と感じているはずです。

・これを持っていないと恥ずかしい

・最後の１個だから買わないと損

・あの人が喜ぶだろうな

・今買わないと安く買えるチャンスを失う

　など。一見すると、値段や機能を比較して「これはコスパがいいから」などと冷静に判断しているように感じます。

　しかし、実際は「これを買えばアイツに自慢できる」といった裏の欲求が大きく影響していることが多いのです。

　売れる営業はもれなく、こういった心理を上手くついています。

　しかし「感情を動かすトーク」にも注意して頂きたいことがあります。何が何でも感情を動かせばいいわけではありません。

　人には開けてはならない“パンドラの箱”というものがあります。

　分かりやすい例でいえば、子どもがいないお客様に「これを購入したらお子さんは喜びますね」と言ってしまったというケースです。

　こんな初歩的なミスでなくても、“親子関係の話はタブー”というお客様もいれば“役職の話は禁句”というお客様もいます。

　このあたりは十分に気をつけなくてはならないのです。

　こういったことに注意を払いながら、トップ営業はお客様の感情をうまく揺さぶっています。

モチベーションパーソンを見極める

　雑談の中で“モチベーションパーソン”を聞き出します。

モチベーションパーソンとは"一番心を動かされる人"という意味です。奥さんやお子さんの場合が多いですが、仲間やペットという場合もあります。

　これをしっかりと聞き出してください。そんなに難しく考える必要はありません。話をしていれば「この人は息子さんの話が多いな」と感じるものです。話題に出る回数が多い人がモチベーションパーソンと判断できます。

　モチベーションパーソンが息子なら「これが達成できれば息子さんはどう思うでしょうか?」と質問してみます。

　また、ネガティブな聞き方も効果的です。

　話の流れで「もし達成できず尻すぼみになったら息子さんはどう感じますかね?」と質問してみます。このように聞かれたお客様は「きっと失望するでしょうね。そうならないように頑張らないと」といった答え方をするのです。

　ただ単に商品の特徴を伝えられるより、感情を動かされた方が「これは絶対に購入すべきだ」と思うものです。トップ営業はこうしてダントツの結果を出しています。

　お客様に対して感情を動かすトークを心掛けましょう。

　これをマスターした時、必ずや結果は出るものです。

POINT

**「一歩踏み込んだ問い」で
お客様の心を動かすこと**

売れる営業の「トーク」
Check List

お客様の「悩みを解決する」意識で
トークを準備しておくこと

メリットとそれに関する
デメリットを伝えること

雑談を使って「さりげなく」
距離感を縮めること

お客様の回答をイメージしながら
質問とネタの準備をしておくこと

「一歩踏み込んだ問い」で
お客様の心を動かすこと

第 3 章

売れる
営業の
「アプローチ」

アプローチに
こだわる

初めの段階から勝負は始まっている

営業におけるアプローチとは、見込み客との初めての出会いのことであり、いわば「ファーストコンタクト」を指します。

大切なのは、この初期の段階でお客様との接点をしっかりと作り上げ信頼を得ることです。

新しい売上を生み出すためには、まず新規の顧客を見つけて商談を展開し、最終的に受注へとつなげていく必要があります。

この流れの中で、何よりも重要視するのが「営業アプローチ」です。

うまくいかないアプローチでは、それ以上の段階に進めずに、どれだけ頑張っても売り上げを出すチャンスがもらえません。

逆に初めのアプローチでぐっとお客様の心をつかめば、受注までの流れがとてもスムーズになっていきます。

時代の変化とともにアプローチの仕方も変わる

営業の成功には、「お客様にとって心地の良いアプローチ」がカギとなります。

変化の激しい時代においては、顧客の状況も変わっていくものです。

その変化に合わせて、アプローチも見直す必要があるでしょう。

**　どんな時代にも共通するのは、成功するアプローチにはお客様が不快にならないような「心構え」と「ルール」が存在していることです。**

　アプローチの際には、相手のことをよく知り、適切なタイミングでコンタクトを取ることが重要です。

　お客様が喜ぶような提案をするためには、その人の価値観やニーズに共感することも大切です。さらに、営業のプロセスをスムーズに進めるために、しっかりとしたルールを守ることが必要です。

　この章では、成功するアプローチについての秘訣を、わかりやすくご紹介していきます。

　アプローチの際に心に留めておきたいことや、効果的なルールなどを具体的に解説します。成功のための鍵がここにあるので、ぜひ自社に合った営業アプローチを再考してみてください。

11 | 売り込まない

1 売り込むよりも信頼を構築することを考える

2 お客様の価値観に「共感」をすることから

3 深掘りして本心を話してもらう

売り込むよりも信頼を構築することを考える

お客様から信頼を得られなければ商品は売れません。

すばらしい商品であっても「この人から買いたくない」と思われれば契約にはならないのです。

なぜ多くのトップ営業が売り込むことよりも**「お客様との信頼関係」**にこだわるのでしょうか。

まずはそれが最も**「結果に直結する」**からです。

長期的に結果を出し続けることができて、他のお客様を紹介してくれる可能性が高まるのです。

紹介を駆使して大手保険会社No.1になった鎌田聖一郎さんは**契約は「追いかけるもの」ではなく、「お客様と信頼関係をしっかりと築いた結果として後から付いてくるもの」**(『おかげさまで、ご紹介で営業しています。』／すばる舎)と述べています。

すぐに売り上げがでることではないかもしれませんが、長い目で見て、売り込むよりも信頼を築くことをベースにアプローチを考えたほうが良いのです。

そしてお客様と深い信頼関係を築き「商品を買うのはあなた以外からは考えられない」といった関係になったら怖いものはありません。

お客様の価値観に「共感」をすることから

ではどうやってこのような強固な信頼関係を築けるのでしょうか。

トップ営業によってやり方は異なりますが、共通点は**お客様の価値観に共感する**」ということです。

すなわち、いったん売ることを横に置いて、話をじっくり聞くことが重要なのです。

話を聞いてすぐに「ではこんな商品があります」と売り込んではなりません。

すぐに売り込めば、お客様は「これを売りつけるために話を聞いていたんだな」と思います。

そうではなく、話を聞いたら「こんなお手伝いができます」といったように話を展開させるのです。

ここで信頼関係が築ければ次も会ってもらえますし、商品の購入につながる確率も上がるのです。

野村證券の伝説の営業スタッフ冨田和成さんの『営業』（クロスメディア・パブリッシング）には、「**人は自分の話を聞いてくれる**

人」「自分の話に共感してくれる人」を信頼する。そして、それは深い部分に共感すればするほど、信頼度も強くなる。だから、相手の価値観レベルに対して共感することが最もインパクトが大きい。とあります。

　私にも経験があります。
　あるお客様とのことです。そのお客様は別の営業スタッフが担当していました。他の人が担当しているので契約になっても私の成績にはなりません。
　ですから売る気をゼロにして「とりあえず話だけはじっくり聞いておこう」というスタンスになります。

　営業スタッフが売り込んでこないと分かるとお客様は本心を話してくれるようになります。家づくりは家族間の意見調整も大切です。
　商品の要望を聞くのはもちろんのこと"家族間の意見の違いの悩み"などの相談にものりました。
　それがよかったのか「親切で素晴らしい営業ですね」という評価を頂いたのです。

深掘りして本心を話してもらう

　トップ営業は表面的なお客様のニーズだけではなく、深い部分まで理解しようとします。
　例えば商品の用途について聞く際には

　　・どんな時に使うのか
　　・目的は何なのか

・購入することで、どう思われたいのか

などを聞き込んでいきます。

そうして、**すぐに売ろうとするのではなく、お客様の立場や状況を理解し共感します。**

真摯な態度でお客様の話に耳を傾け、問題点や悩みを理解することで信頼が生まれます。

こういった積み重ねによって圧倒的な信頼関係を構築するのです。

お客様との信頼関係は短時間ではできないかもしれません。

焦って商品をすぐに提案するのではなく、「まずはどんなお手伝いができるのか」と考えてください。

一見遠回りに感じるかもしれません。

しかし、必ずリピートし、他のお客様も紹介してくれるお客様が増えれば営業スタッフとしてこれほど心強いことはありません。

こうしたお客様を一人一人増やしていくことで長期的に結果を出し続けることが可能になるのです。

POINT

**売り込むよりも
信頼関係作りを大事にすること**

営業の「PDCA」を しっかりおさえている

1 **PDCAは問題解決を促進するためのサイクル**
2 **チェックと改善が疎かになりがち**
3 **PDCAをまわすコツ**

PDCAは問題解決を促進するためのサイクル

　どんなに優秀な営業でもアプローチを失敗することはありますが、普通の営業と違うのは、PDCAサイクルを正確に回すといったプロセスを重視することです。

　PDCAについておさらいします。
　PDCAとは、Plan（計画）→Do（実行）→Check（結果の検証）→Act（改善）の頭文字を取った管理サイクルのことです。

　まずは「こうやったらうまく行くのでは」と計画し、それを実行に移します。
　実行したらその結果を見て「この部分はいいが、これは良くなかった」とチェックしていきます。その部分を改善してさらにまた計画を立てるということです。
　このサイクルを回すことで成長してきます。

チェックと改善が疎かになりがち

PDCAが重要ということを知っていても、実際はやりっぱなしという人が少なくないのです。

Pで計画しDで実行します。

そこまではいいのですが**Cの結果の検証→Dの改善がないのです**。

PDで終わってしまうのでは、同じ失敗を繰り返してなかなか成長しないのです。

たとえば新規のお客様にアプローチして面談のチャンスを得たとします。

そのお客様は商品に対して積極的ではなく、ほとんど話に乗ってきません。

何の進展のないまま別れました。

そんな時、どう考えますか?

苦戦している営業は「ついていないなぁ、今のは外れ客だ」とすぐに忘れようとします。

いつまでも引きずるのはよくありませんが「悪いのはお客様のせい」にしているのであれば、成長は望めません。

結果を真摯に受け止め改善しなければ、同じ過ちを繰り返すことになるのです。

私自身も「お客様との初回面談」を苦手としていました。

人見知り、口下手という原因もありましたが、一番は「PDCAのサイクルを無視していたから」なのです。失敗に対して「最近は客

の質が落ちたなぁ」などと捨て台詞を吐き、それっきり忘れてしまっていました。

　これではいつになっても成長することはありません。

　PDCAは、問題解決を促進するためのサイクルです。

PDCAをしなければ問題はそのまま放置され、どんどんスランプに陥ってきます。

　やがては会社から席がなくなるでしょう。

　結果を出している人はPDCAのサイクルをしっかり回して成長し続けます。

　先ほどの例であれば、お客様が話にのってこないなら「今回は話の組み立てが良くなかったかもしれない。次は伝える順番を入れ替えてみよう」と考えます。

　お客様のせいにせず、自分の問題として冷静に検証して改善します。

　そして次のお客様に臨みます。こうして結果を出していくのです。

PDCAをまわすコツ

　その上でPDCAをまわすコツは、「なぜ、PDCAを回すのか」をPのサイクルを回す前に、一度自分に問うてみることです。

　『リクルートのトップ営業が後輩に伝えていること』（日経BPマーケティング）で的場正人さんは「WILLにのっとったPDCAをまわすことによって、その実行に対する意欲とアイデアを自ら引き出

し、それが楽しさや成長につながっています。」と述べています。

　簡単に言えば、PDCAのPを立てる際に、**「この機会に自分はど
うしたいのか」「どうしたらいいのか」などといった自分の意志
（WILL）を立てるステップを一度持つことで、主体的な行動へと
つながるということです。**

　やらされた感で回すPDCAは結局長続きしないものです。
　自分がしたいこと（WILL）を中心に据えることで、PDCAに意
義を感じて楽しく仕事をやっていけるのです。

　PDCAサイクルを正確に回していき、自分で振り返る習慣をつけ
ていきましょう。

**PDCAサイクルを回し、
行動を振り返る習慣をつけること**

お客様が迷うことを「いかに減らせるか」と考えている

1 **事実を伝える**
2 **必要な条件を伝える**

事実を伝える

営業の稼働時間は限られています。

ですから無駄なく高確率で契約を取れる営業スタッフが結果を出すことができます。

そのために大事なことは

- ・事実をあやふやにしない
- ・お客様が資料をみて迷わないか
- ・トークを聞いて不安にならないか

といったやり方です。

その方が営業スタッフにとってもお客様にとってもメリットがあるのです。

こういった包み隠さずはっきり伝えてくれる営業スタッフはあまり多くありません。

多くの営業スタッフは「一見、セールスではありません」といっ

たスタンスでアプローチしてきます。

「これは商品の売込みです」ということがバレればすぐに断られてしまうと思うからです。

　確かにその通りなのですが、だまし討ちのようなことをして結果を出すことはできないのです。

　アメリカの社会心理学者のジョン・フレンチとバートラム・ラーベンが提唱した5つのパワーのうち、最も影響力が高いといわれるのが「**正当パワー**」です。

　これは「**この営業がいっていることは正当である**」**と納得感を持ってもらい、その営業の通りに動いてもらうアプローチのことです。**

　大前研一さんは著書のなかで**相手にとって真のパートナーとなるためには、正当パワーが必要です。顧客に「たしかに、この人が当社に対して営業を行うのは正当である」と感じてもらえれば、相手からの信頼感は大いに高まるはずです。**（『大前研一と考える営業学』／ダイヤモンド社）と述べています。

必要な条件を伝える

　お客様自身が納得したうえで、商品を買うことが重要です。

　そのためには、事実を伝え、悩みを減らすような努力が必要なのです。

　ある時「菊原さんの営業スタイルについて取材をして雑誌に載せたい」といったオファーを頂きました。声をかけてもらえて嬉しかったですし、ぜひ協力したいと思いました。後日、アポイントをとり群馬県から新幹線で東京に行くことに。

　そこで1時間ほど営業について語りました。

その後、その担当者は「この記事を紹介するのに30万円ほどかかります。投資した以上のリターンがあります」と言ってきたのです。

私は「新幹線代を自腹で払い往復3時間の移動時間をかけ、自ら売込みを聞く」といった間抜けなことをしてしまったのです。

それ以来、こういったメールに警戒するようになりました。

ほとんどはキチンとした仕事の依頼なのに「もしかしたらまただまし討ちかな」と思う書き方をする人もいます。判別に苦労するのです。

相手のことを考えれば"必要条件"をハッキリと明確に伝えたほうお互いのためです。

・内容、条件（謝礼が出るのか、それとも支払うのか）
・日程（具体的候補を3〜5日程度）
・場所、時間（どこでどのくらいの時間なのか）
・得られるメリット

などなど。今わかっている範囲で隠さず伝えましょう。

お互い時間をかけた上で"結局バレて白紙になる"というのが一番無駄です。

これはお客様へのアプローチでも言えることです。

お客様に「こういったものがありますが、いかがでしょうか?」とアプローチするとします。

・参考資料があります
・見学会があります
・無料サンプルを差し上げます

などなど。さまざまなオファーでお客様に呼びかけ、お客様との商談のチャンスをつかみます。こういった場合もお客様が迷わないようにはっきり伝えた方がいいのです。

営業スタッフの方が作ったリアルのレターや専用ウェブページを
チェックさせていただくことがあります。

　その際「これって本当に無料なの?」と疑問に思うようなものも
あります。もしくは詳細を見ても「これじゃ、請求方法が分からな
いだろうな」と感じるものも少なくありません。

　これではなかなか結果は出ないのです。

　結果を出している営業スタッフはお客様のオファーについて「お
客様がこれを見て迷わないか?」という観点でチェックしています。

　そしてそれを1つ1つ潰していくのです。

　あなたもお客様にアプローチしている内容をチェックしてみてく
ださい。

・無料か有料かはっきり伝えているか？
・請求方法をわかりやすく提示しているか？(電話、メール、
　SNS、FAX などなど)
・時間 (電話なら〇時〜〇時まで)
・送付方法 (郵送なのか、データで送られるのか)
・請求した後はどうなるか？

　など。まずは自分で判断し、その上で身近な人に見てもらい率直
な意見を聞くといいでしょう。

　お客様が迷う点が減れば減るほど、結果が出てきます。

POINT

お客様にウソをつかず誠実に行動すること

1 時代が変わっても量は大切

2 「アポを取る」→「見極める作業」と考え方を変える

時代が変わっても量は大切

電話やメール、SNS、チャットツールなどを使い、非対面で営業活動を行う方法のことをインサイドセールスと呼びます。

昔ながらの訪問する営業活動よりも効率良く、多方面にアプローチできます。

訪問型営業はどうしても1日に訪問できる数に限界があります。

私自身もアポなし訪問を1日中やっていたことがありますが、10件が限界でした。

しかも不在率も高く(居留守も含む)1〜2割会えればいいところ。朝9時から10時間以上訪問活動をして"話ができたのが3件"という極めて効率の悪い活動をしていたのです。

インサイドセールスでは1日に何十件、場合によっては何百、何千とお客様へアプローチできます。

結果を出している営業スタッフはさまざまな方法でお客様を開拓しているのです。

インサイドセールスはいろいろありますが、やはりメインは電話

営業です。

　ここで電話のアプローチについてお話ししたいと思います。

　トップ営業は総じて電話を上手く使っています。

　メールやSNS、Zoomなどのリモートもありますが、まだまだ電話のやり取りは効果的なのです。

　質はもちろん大事ですが、やはり量もこなしています。むやみやたらにやればいいわけではありませんが、結果的に打席に立つ回数が多くなっています。

　営業マンは"打率"を問われません。

　10人のお客様にアプローチして3つのご契約をお預かりするほうが、30人にアプローチして5つの契約をお預かりするよりも、よほど"打率"はいいですが、営業マンとして評価されるのは5つの契約をお預かりした方です。（『超★営業思考』／金沢景敏 著　ダイヤモンド社）

　私はお客様への電話でのアプローチを苦手としていました。

　顔が見えない分、断りもキツイからです。電話で断られるたびに精神的ダメージをうけていたものです。当時はテレアポの件数のノルマがあり、やらないわけにはいきません。イヤイヤやっていたものでした。

「アポを取る」→「見極める作業」と考え方を変える

　そんな私ですが、ある時から急に電話が苦にならなくなりました。トークが上手くなったから、ではありません。

　トークや話し方ではなく「電話に対する考え方」を変えたことで

苦にならなくなったのです。

それまでは「何とかしてアポイントを取りたい」と思いながらやっていました。

それを「**アポを取る**」→「**見極める作業**」と考え方を変えます。
このことで劇的に変化しました。
これは私の営業人生の中でも極めて重要な発見だったのです。

やり方は極めてシンプルです。
お役立ち情報を送っているお客様に対して「今までお役立ち情報を3回ほどお送りさせて頂きました。今後も必要ですか?」と質問します。
この質問に対して必要な人は「そのまま送ってください」と答えてくれます。
この場合はお礼を言ってお役立ち情報の送付を継続させます。

他社に決まっていたり、予定が無くなったりしたお客様は「もう送らなくて結構です」と回答してきます。
このように言われると普通ならば「あぁ、断られちゃった…」と落ち込むものです。
しかし、これは見極めですから「**送らなくていいお客様を判断できた**」と全く気にならなくなったのです。

イメージで言うと「工場のラインの不良品を探している」といった感じです。大学4年の時、インターンでモーターの工場で働いたことがあります。生産ラインでエラーが見つかったらそれを淡々と取り除く仕事です。
これと同じように「"検討しないお客様"をリストから削除するだ

け」と考えるようになってから、電話に対する苦手意識がなくなりました。

　そんなことを続けているうちに電話で普通のお客様と話ができるようになります。

　こちらは必要かどうか聞くだけですから、まったく売り込む気はありません。

　売込みしてこない営業スタッフにお客様は安心感を覚えます。

　お客様の方から「ちょっと聞きたいことがあるのですが」と質問してくるように。

　そのころから電話でアポイントを取れるようになりました。

　結果を出している営業スタッフは電話で強引にアポイントを取ろうとしません。

「電話は見極め、もしくは仕分ける作業だ」と位置づけ、冷静に電話をしているのです。

　こういったスタンスの営業に対しては暑苦しさを感じません。

　逆にアポイントが取れるのです。

　電話では売り込みをやめ、仕分けるといったスタイルで取り組むようにしましょう。

　このようなスタンスで電話をすることでチャンスは広がっていきます。

POINT

断られるのを恐れないこと

売れる営業の「アプローチ」
Check List

売り込むよりも
信頼関係作りを大事にすること

PDCA サイクルを回し、
行動を振り返る習慣をつけること

お客様にウソをつかず
誠実に行動すること

断られるのを恐れないこと

第 4 章

売れる
営業の
「ヒアリング」

ヒアリングに
こだわる

ヒアリングで悩みをさらけ出してもらう

　売れる営業になるためには、お客様への適切なヒアリングが不可欠です。

　その鍵となる聞き方について、この章でわかりやすくお伝えしていきます。

　営業のヒアリングの目的は、お客様の抱える課題を深く理解し、提案の基盤を築くことです。

　　・お客様は、今何に悩んでいるのか。
　　・何を求めているのか。
　　・いまどのような状態にあるのか。

　などを把握できると、そのあとの商談やプレゼンでよりよい提案をすることができます。

　重要なのは、質問を通じて深いニーズを引き出す能力です。

　お客様が本当に求めていることや困っていることを的確に把握できれば、スムーズに提案を行うことができます。

　お客様を自己説得させ、彼らのニーズに合わせてアジャストしていくことも大事になっていくでしょう。

ヒアリングには「お客様を見極める」効果もある

　さらに、**ヒアリングは、自分が本当に手助けできるお客様なのか、自社の商品に対してお金を払うお客様なのか、「見極めるための重要な役割」も果たします。**

　お客様の課題が自社の提供するサービスでは解決できない場合、お互いの時間を無駄にしてしまう可能性すらあります。
　そのような場合は、率直にヒアリングを進め、お客様との合う合わないを見極めることが大切です。

　この章では、売れる営業ヒアリング術を余すことなくご紹介します。
　お客様とのコミュニケーションにおいて、質問の仕方や聞き方、そして的確な情報収集の方法について具体的に解説します。

　売れる営業の基盤を作るためのスキルを磨き、お客様との信頼関係を築いていきましょう。

「深いニーズ」を
ヒアリングしている

1 「たとえば?」「なぜ?」「ということは?」で深掘り
2 話を「聞く姿勢」が大事
3 動機を探っていくこと

「たとえば?」「なぜ?」「ということは?」で深掘り

　深く聞き込むことで新人でも契約を取ることは可能です。

　私が以前勤めていた住宅会社でもビギナーズラックと呼ばれるものがあり、「入社してわずか1カ月で4,000万円の契約を取る」なんてことも起こりました。

　この新人営業は商品知識に関しては完璧ではありませんでした。

　ただし、**自分が知識がないかわりに、質問をしてニーズを探っていくことを自然と取り入れて会話をしていたのです。**

　深掘り質問には色んなやり方がありますが、シンプルで効果的だと感じたのは、セールス・コーチングの第一人者である青木毅さんが推奨する3つの質問です。

「新人でも「なぜ?」「たとえば?」「ということは?」の、たった3つの言葉を会話に取り込めば、商品知識を持たずとも、トップセールスになれる」『「3つの言葉」だけで売上が伸びる質問型営業』

（青木毅 著　ダイヤモンド社）と述べています。

「たとえば？」で具体的な事例を問い、お客様のモヤモヤした思いを具体化します。

「なぜ？」で、その理由や根本の動機を、お客様の中でさらに強めてもらいます。

そして「たとえば？」や「なぜ？」のあとに、「ということは？」と聞くことでお客様がこれからとるべき考えや行動を促すということです。この3つの質問をすることで、相手の内面をほりさげていくのです。

話を「聞く姿勢」が大事

「話を聞くだけで契約を取る」といった話を聞いて「そんな簡単じゃないよ」と思った人もいるかもしれませんね。

しかしここで考えてみてください。

あなたのまわりに「自分の話をじっくり聞いてくれる」といった人がどれほどいるでしょうか？

思い浮かべても、そんなに多くはないはずです。

以前、医療業界の研修をさせて頂いた時のことです。

その研修で内科の先生がいい医者の条件について、「患者の話をよく聞いて正しく診断すること」と言っていました。実はこれも全ての医者が当たり前にやっているわけではありません。

こちらを見ず、パソコンの画面の中の数字を見ながら「この数値が高いですね。では薬を出しておきます」といった診断をする方もいます。

一方で、患者の話をよく聞いてから質問を交えながら「でしたら

こういった運動をするといいですよ」などと的確なアドバイスしてくれるお医者さんがいます。自分のことをしっかり見て、考えて、理解したうえで診断してくれたら、また行きたくなりますよね。

　医者も営業も基本は同じなのです。
「お客様・クライアントの話をじっくり聞いてくれる営業」は必ず必要とされ続けます。
　お客様のニーズを理解し「これがお客様にとって一番いいと思います」と提案します。
　当たり前のことのようですが、なかなかこれが出来ていないのです。

動機を探っていくこと

　特に多くの営業が口にするのは「なぜ？」の重要性です。

　これは接客でも言えます。以前、接客のコンサルタントの方とお会いした時のことです。
　普通の店員は「どのようなものをお探しですか？」といった言い方をすると言います。
　確かにお店に行くと、「どんなものをお探しですか？」「サイズはいくつですか？」などと聞かれるものです。

　トップ店員はそういった聞き方をしません。
　例えば靴屋の店員なら**「どうして新しい靴を買おうと思ったのですか？」と購入動機について質問します。**
「なぜ?」の部分を聞いてくるのです。
「サイズは？」と聞かれれば「26センチぐらいですかね」と答え

るくらいしかありません。

　これでは本当のニーズはつかめません。

　しかし、「どうして靴を？」と聞かれたら「靴の一部があたって痛くてね、それで何かないかなと思いまして」と答えます。

　その回答に対して「ということは?」といったニュアンスで深掘りしてきたらどうでしょうか?

「今の靴は小指が当たって痛いんです。長く履いても痛くならない靴がいいと思って」と答えます。

　これを聞いた店員さんは「でしたら幅広で長く履いても疲れない靴があります」とベストな提案ができるのです。

　売れる営業は的確な質問を繰り返し、本当のニーズをヒアリングします。

　だからこそ的を射た提案ができるのです。

　この基本を忘れずに実行していれば、いつの時代も必要とされ続けます。

POINT

深くニーズをヒアリングして、
的確な提案をすること

お客様を
自己説得させている

Essence

1 自分で自分を説得したときに「納得感」が得られる

2 トークは下手でも聞く技術でトップ営業になれる

3 有益な話であってもズレていたら意味がない

自分で自分を説得したときに「納得感」が得られる

心理術の一つに「**自己説得効果**」というものがあります。

自己説得効果とは、**人から何か言われるより、自分で自分を説得したときにいちばん納得できる**ということです。

お客様に的確に質問していくことで、お客様自身に商品のメリットを語ってもらうということを言います。

売れる営業というとどうしても「立て板に水のごとくスムーズかつ熱く説明する」といったイメージを持つものです。

営業スタイルは人それぞれですから、もちろんそういったトーク力が優れているトップ営業もいます。

しかし、実際はトークが上手いタイプばかりではありません。

口数が少なく、お世辞にも話が上手いとは言えないような人がトップ営業だったりするのです。

私自身がそうでした。

　ご契約頂いたお客様から「この会社のトップ営業は誰か？」と聞かれ「私ですけど」と答えた時の驚く様は今でも忘れられません。

　最後まで信じてくれなかったお客様もいたくらいトークは不得意でした。

トークは下手でも聞く技術でトップ営業になれる

　トークは下手でもトップ営業になれます。
　これは多くの人がすでに証明しています。

　その理由はやはり「自己説得効果」を上手く活用もしくは自然と活用していることが大きいからです。

　営業スタッフが説得するのではなく、お客様が「この商品はけっこういいと思うよ」と自ら説得するのですから、トークが上手い必要がないのです。

　自己説得効果はお客様に語らせることで自ら説得するという効果の他に、もう１つ大きなメリットがあります。
　それは**「お客様が聞きたい内容に調整できる」**ということです。

有益な話であってもズレていたら意味がない

　生保のトップ営業とお会いした時のことです。
　そのトップ営業の好成績の秘訣は「説明する前にお客様が聞きたいことを知ること」と言っていました。

こちらが勝手に「これに興味があるだろう」などと決めつけず、説明する前に「〇〇について何か知っていることはありますか？」と質問します。

　質問することでお客様の方から「それなら知人も使っていましてね。良いって聞いていますよ」と言ってもらえることもあります。

　これは強力な自己説得効果になります。

　さらにこの営業スタッフはお客様に対して「今まで保険の営業スタッフからどんな話を聞きましたか？」と質問します。

　この質問に対してお客様が「三大疾病についてですね」と回答したとします。

　その回答に関して「その話についてどう思いましたか？」とさらに質問するのです。

　お客様が「脳卒中と心筋梗塞については納得しましたが、ガンの定義がよく分かりませんでしたね」などと回答したとします。

　これは保険の内容に詳しいお客様です。その場合はマニアックなくらい詳しく説明するのです。

　しかし、お客様が「今まで保険の細かい話を何度か聞きましたが、正直退屈でしたし、ほとんど意味わかりませんね」と言ったら、詳しい話はしません。

「では、支払方法や受け取り方法についてはいかがでしょうか？」と別の角度で質問します。お客様が興味を示したら、その部分を詳しく説明するのです。

　どんなに有益な話であってもお客様が聞きたいこととズレていた

ら意味がありません。

　まずは「**これについて何か知っていますか?**」と質問し、自己説得を狙ってください。

　そしてお客様の状況をよく把握してアジャストしていく。

　トップ営業は必ずこれをやっているのです。

POINT

**「自己説得の力は凄腕営業の説得より勝る」
と知ること**

悩みを
「1つに絞って」
解決する

Essence

1 **1つの突破口を見つけてあげればいい**
2 **話を聞き込んでいくと一番の問題点が見える**

1つの突破口を見つけてあげればいい

多くの本で、「**お客様の抱えている問題を解決することで結果が出る**」といったことが述べられています。

「まあそうだろうけど、その解決が難しい」と思った人もいるでしょう。

お客様の悩みは多種多様ですし、解決が難しいことも少なくないのです。

よくある失敗パターンはその悩みのすべてを解決しようことです。

こうなるとドツボにハマります。

よほどの力が無ければお客様と共倒れになってしまいます。

これは頑張っている割には結果が出ないといったタイプの営業スタッフの特徴です。

私自身にも経験があります。

あるお客様とのことです。さまざまな問題に取り組んだ結果、結

局時間だけが過ぎていきました。最終的に契約になればまだいいのですが。

　しかし、お互いに疲れ切り「やっぱりこの計画は先にしましょう」となってしまったのです。まさに骨折り損のくたびれ儲けでした。

　トップ営業はそんな無駄なことはしません。
　そもそもお客様のすべての悩みを解決しようとは思っていないのです。
　お客様の悩みは、一つ解決してあげれば良いのです。
　すべて手をつければお客様はかえって混乱します。
　ですから問題点を１つに絞り込み、それに集中して解決していきます。
　一気に解決するのではなく「１つの突破口を見つけてあげればいい」と考えているのです。

話を聞き込んでいくと一番の問題点が見える

　そのためにはやはりお客様へのしっかりとしたヒアリングが必要になってきます。
　よく話を聞き込んで"ここが一番のポイントだ"というボトルネックを見つけます。
　お客様自身もどれが一番の問題なのか見えていません。
　あらゆる角度から質問していきます。
　そして繰り返し出てくる問題が一番の問題点であることが多いのです。
　これをハッキリさせてあげるだけでもお客様にとってあなたは価値がある人になれるのです。

その問題点がハッキリしたらそれを解決するために行動します。

お客様の方で解決できるケースもありますし、一緒に解決するケースもあります。

トップ営業は手取り足取りやってあげるわけではありません。

お客様本人が問題解決するための手助けをしているのです。

これはコンサルティングの仕事と非常に似かよっています。

コンサルタントとして15年以上のキャリアがあります。

経験を積んだとはいえ、すべての問題に正確にアドバイスできるわけではありませんが、いい相談相手になれる自信はあります。

もちろん初めから上手くいったわけではありません。

営業スタッフから独立してしばらくは「経営者の方にどうアドバイスをすればいいのか」とずっと悩んでいました。

私より何年も経験がある経営者の方に偉そうにアドバイスなどできないからです。

そんなある日のこと。

コンサルティングの先輩にその悩みを相談します。きっと先輩も"私の問題点を１つにしぼってくれた"のだと思います。

そして「コンサルの仕事は相手の話をよく聞くことだよ。そして問題点を１つに絞ってあげることだ」と教えてもらったのです。

このアドバイスは私にとって非常に大きい気付きになりました。

それまでは「なんとかいいアドバイスをしないと」と思っていました。

アドバイス頂いてから「アドバイスする」→「話を聞いて問題を１つに絞る」といったようにやり方を変えたのです。

私は口下手ですから、わりと話を聞き込むのは得意でした。

　ここでは住宅営業スタッフ時代のヒアリングの経験が役立ちます。

　考え方が変わってからコンサル自体も楽しみになったのです。

　それからは、深く聞き込んだうえで「１つだけに絞って解決する」といったスタンスでコンサルティングしています。

　話を聞き込んでいくと"ここが一番の問題点だ"という部分が見えてきます。おもしろいもので、話しているうちに相手が「そうかぁ、これが問題だったかぁ」と勝手に気がついたりすることも多いのです。

　これだけでも私と会うことに価値を持って頂いております。

　あなたは今までお客様から問題点を聞き出し、一緒に解決してこようと努力してきたことでしょう。

　今後は、そのすべてを解決するのではなくまずは１つに絞るようにしてください。

　そしてその問題を解決します。１つ解決すれば芋づる式で一気に物事が上手く進んでいくものです。

POINT

同時に3つも4つも解決しようとしないこと

素直にヒアリングして裁判官のように厳しくチェックする

Essence

1 **お客様の発言を疑う**

2 ただし初めから疑うのはやめる

お客様の発言を疑う

『**凡人が最強営業マンに変わる魔法のセールストーク**』（佐藤昌弘著　日本実業出版社）には「**お客が欲しいというものを、売ってはいけない**」と示されています。

そのテクニックの1つとして「**疑惑の導入**」という方法が紹介されております。

　お客様に質問して要望を聞き取ります。

　ある程度、質問して「お客様が話し切ったな」となったとします。普通の営業スタッフは「これで十分だ」と安心してしまうものです。

　しかし、トップ営業はここから疑惑の導入をスタートさせます。

　疑惑の導入とは分かりやすく言えば"お客様の発言を疑う"ということです。

　お客様が話し切ったところで「本当にこれがすべてでよろしいですか?」と質問します。

この質問によってさらに深い部分や本音を引き出していくのです。

　営業スタッフ時代のこと。

　お客様から1時間以上かけてすべての項目を聞きとりました。

　聞き取ったものを読み上げ確認し最後に「本当にこの要望がすべてでよろしいですか?」と質問しました。

　するとお客様は「う〜ん、ちょっと待ってください」と言って考え出します。

　そして「実はですね…昔から書斎が欲しかったんです」と大切なことを話してくれたのです。

　それまでとは全く違った内容です。

　深い部分までヒアリングできたおかげで他社とは一味違った提案ができます。

　競合会社を退けご契約いただくことができたのです。

　お客様が要望などを語った後、疑惑の導入でさらに深い部分まで聞き出すというのは非常に効果的なテクニックです。

ただし初めから疑うのはやめる

　ただし、初めからこれをやってはいけません。

　営業スタッフYさんと個人コンサルティングをした時のことです。

　Yさんは若くて勉強熱心です。

　タイプとしては目立つ感じではありませんが「誠実に仕事をやってくれる」といった雰囲気を醸し出しています。

　さらにトークもよく考えられています。

話を聞けば聞くほど「どうして結果が出ないのだろう」と不思議になるくらいです。

　その後いろいろ話をしていく中で、「なかなかお客様は本音を話してくれませんから」というようなことを何度か口にしたのです。
　まさにその通りで、お客様はすぐに本音など話してくれません。
　しかし、すべてのお客様に対して「これは真実ではないのだろう」と疑い過ぎるのはいい事ではありません。
　もしあなたが会う立場だとして、営業スタッフがはじめから疑惑の導入のテクニックを使い"いかにも疑っている雰囲気"で質問してきたらどうでしょうか？　あまりいい気持ちがしないはずです。

　私はYさんに「疑われながら質問されたらどうですか?」と聞いてみました。
　すると、すぐに「それは嫌ですね」と回答したのです。
　私はYさんに「まずは疑わずに素直にヒアリングするようにしてください」とアドバイスしました。
　それからしばらくしてのことです。
　Aさんは「素直に聞くようになってからヒアリングが楽しくなった」という報告をしてくれました。
「どうせウソなんだろう…」と疑いながら聞くより、素直に聞いた方が気分もいいというものです。
　今までの何倍も要望を聞き取れるようになったといいます。

　ヒアリング時は編集者になった気持ちで「お客様を取材する」といったイメージで**聞き込む**といいでしょう。
　面白いエピソードはもちろん、「詳細やエビデンス」をしっかりと聞き取っておく必要があります。

その時はしっかりとメモしておくことを忘れずに。

そして、そのあとヒアリングした内容に対しては、入念にチェックします。
イメージは「気難しい裁判官のように」1つ1つチェックしていくという感じです。
こういったメリハリも必要なのです。

その場で深掘りできなくても構いません。
お客様との話を思い出したり、メモしたものを見返したりしてじっくりと眺めます。
それで本音が見えてくることもあれば、「もう少しここを聞いておけばよかった」という部分も出てくるでしょう。
それは次回にしっかりと聞き取ればいいのです。

素直に聞いたうえで、そのあと裁判官のようにチェックするのです。これを意識しながらヒアリングしてみてください。

POINT

面白い記事を書く記者になった気分で細かい部分まで聞き取り、裁判官のようにチェックすること

モチベーションパーソンを明確にしている

Essence

1 恐怖モチベーションを利用する
2 モチベーションパーソンを探る

恐怖モチベーション

　ジェームズ・スキナー氏の『成功の９ステップ』（幻冬舎）には「人間はつねに『快楽』を得ようとし、『痛み』を避けようとしている」「人間は、意識している、していないにかかわらず、快感が得られ、苦痛が避けられると思う行動を取る」と示しています。

　これは営業活動にも当てはまることです。

　お客様がお金を払って商品を買うのは、その商品によって心地よくなるかであったり、買うこと自体に快感を得られるかを無意識に判断しているのです。

　「恐怖モチベーション」という心理学があります。

　恐怖モチベーションとは、恐怖や不快なことから自分を遠ざける内的なプロセスです。

　恐怖は苦痛ですから、それを避け快適な領域へ向かおうとするためのモチベーションが上がります。

「今あるものを失ってしまうのでは」という感情から起こることも恐怖モチベーションの代表的な例です。

例えば「あなたに100万円あげます」といわれるのと「あなたの100万円が奪われようとしています」といわれるのではどちらが心は動くでしょうか?

後者の方が「何としても阻止したい」と思うものです。

何かを得るより"失う痛み"の方が強いのです。

この心理を営業に活用します。

営業で結果を出すには"お客様から要望を聞き出すことが重要になってくる"ということは既に述べました。

トップ営業は例外なく"聞き取る技術"に長けています。

私はトップ営業に会うと「どんな質問をしていますか?」と聞くようにしています。

可能であれば質問リストを見せてもらうこともあります。

質問リストを見せて頂くと「こんなことまで聞くの?」というような内容が含まれています。

以前、お会いしたトップ営業は「どうなったら後悔しますか?」「これだけは避けたいということを教えてください」といった質問をすると言います。

ネガティブな感情もしっかりと聞き込むのです。

こういった内容は他の営業スタッフは聞いていません

だからこそ他社と差別化できる提案ができるのです。

あなたの質問リストはおそらく、お客様の要望であったり、購買意欲が上がったりする内容が多いでしょう。

もちろんこれも必要なことです。

さらにその質問リストに"お客様のネガティブな感情"に関する項目を追記して欲しいのです。

ネガティブな感情の持つ力はポジティブなものよりはるかにパワーがあります。これを質問リストに組み込んでいくのです。

ただし、ネガティブな質問をしても答えてくれないお客様もいます。

いきなり「後悔したくないことは何ですか?」と言われれば驚くと思います。ほとんどのお客様は「う～ん、別にないですね」といった答え方をするでしょう。

そういったネガティブな部分はそう簡単に人に話さないものです。

ネガティブな感情を聞き出す場合、"他人の例"を紹介することでそれが呼び水になり、答えてくれるようになります。

たとえば「こういった不安を抱えているお客様がいまして、いかがでしょうか?」といった実例を話します。

もしくは「私自身もこういった心配がありましてね」と自己開示をするのです。

モチベーションパーソンを探る

恐怖モチベーションにはさらに上の段階があります。

自分自身の恐怖より"大切な人の恐怖"の方がさらにパワーがあるのです。

その大切な人のことを**"モチベーションパーソン"**といいます。

例えばお客様から「失敗してガッカリされたくないですね」とい

う意見を聞いたとします。

その悔しい思いは誰に向けてなのでしょうか?

・家族、息子、娘

・同僚、後輩、上司

・同級生、何かの仲間

などなど。その人によって異なります。

あるお客様は「息子に軽蔑されるような父親だけには絶対になりたくない」と感情を込めて話してくれました。

息子がモチベーションパーソンだと分かれば、ポイントで「これは息子さんも喜びますね」と言ってみたり、さりげなく「息子さんもガッカリすることなく尊敬するでしょうね」と言ってみたりするのです。こういった言葉はお客様の感情を動かします。

ある有名なバンドは「学生時代にフラれた彼女を後悔させたくて曲を書いていた」といった話をしていました。

「売れて彼女に"やっぱり別れなければよかった"と思われたい」といった感じです。

それをモチベーションとして頑張って活動して成功したのです。

トップ営業スタッフはお客様の恐怖ポイントを聞き込み、そして"モチベーションパーソンは誰なのか?"を明確にしています。

そしてさりげなく刺激し、購入の意欲を上げているのです。

POINT

モチベーションパーソンを探っていくこと

売れる営業の「ヒアリング」
Check List

深くニーズをヒアリングして、
的確な提案をすること

「自己説得の力は凄腕営業の説得より勝る」と
知ること

同時に3つも4つも
解決しようとしないこと

面白い記事を書く記者になった気分で
細かい部分まで聞き取り、
裁判官のようにチェックすること

モチベーションパーソンを
探っていくこと

第 5 章

売れる
営業の
「商談」

商談にこだわる

確実に受注につなげるための大事な局面

「成果を上げたいけど、なかなかうまくいかない…」このような悩みは営業の世界ではよく聞かれますね。

「お客様の手間をかけず、確実に受注に繋げたい」
「スマートに商談を終えて、効率よく売上を上げたい」
　おそらく多くの営業担当者が持つ共通の願いでしょう。

　そのためには事前準備が欠かせません。
　商談前に相手の立場や状況を確認し、様々なパターンを想定しておくことが重要ですし、相手の質問に対する回答や自分からの質問の内容をシミュレーションしておくことで、自信を持って商談に臨むことができます。

相手の立場に立ち考える

　売れない営業の典型は、挨拶を済ませるといきなり商品の説明を始めてしまうパターンです。
　お客様は売り込みを求めていません。

　相手の関心や興味を引くための努力を、相手の立場になって、もっと考える必要があります。

時には相手が忙しい場合もありますから、商談の進め方にも注意が必要です。

タイパ（タイムパフォーマンス）を重視する時代に、一方的な商談や長時間の商談はありえません。

　一方的に説明するのではなく、相手の関心や役立つ情報にフォーカスすること、そして相手を配慮することが、信頼を得るカギになります。

　この章では、成功する商談のための心構えについて具体的に解説していきます。

　ぜひこれらのポイントを実践し、効果的な商談を行い、成果を上げるスキルを身につけましょう。

時間と労力を奪う
お客様からいち早く
手を引く

Essence

1　いいお客様だけに時間を使う

2　お客様を見極めるために大事なアポ取り

いいお客様だけに時間を使う

　売れる営業はいいお客様に時間を使い、いい関係を構築しています。その一方、苦戦している営業は「追いかけても契約につながらないお客様」に時間を取られてしまいます。

　だから頑張って行動しても結果が出ないのです。

『できる営業は、「これ」しかやらない』（伊庭正康 著 PHP研究所）の中で「**トップセールスは、良い顧客基盤を育てることに時間の9割以上を使っている**」と述べられています。

　私のダメ営業時代のことです。

「条件さえ合えば契約する」というお客様と商談していました。

　なんとか取りたいと思い、できる限りの準備をします。

　・プレゼン資料
　・要望を盛り込んだ見積書

・クロージングトーク

・最後の一押しでサービスするオプション

などなど。

そして満を持してクロージングへ臨みます。

準備した見積書を提出します。契約へ話を進めようとするとお客様は「悪くはないけど、決め手に欠けるというか」といった曖昧な反応をされます。さらにサービスを要求してきます。

仕方がなくそれを持ち帰り会社で決裁を取り付けます。

そのサービスを含めた見積書を提出するとお客様は「う～ん、もうひと声かな」というのです。

このような展開になる時点で契約率はかなり低いものです。

さらなる値引き決裁を通したとしても「確かに前より良くなりましたね」などと言われ、決めてはもらえません。結局、お客様から「これで検討しておくから」と言われたまま、それっきりになってしまいます。次に連絡が取れた時には「ごめんね、他に決めちゃったよ」と言われるだけだったのです。

「何社も競わせて1円でも有利に買う」といったお客様と商談していると営業は苦しくなります。

お客様主導で進むため、言いなりになるからです。

こういったお客様に手を出すと痛い目にあいます。時間と労力をかなり取られる上に契約にはならないのです。

しかも、こういったお客様に一度手を出すと「じゃあここで手を引こうか」と思えなくなるのが怖いところです。

これだけ時間と労力をつぎ込んだのだから、諦められないと泥沼にハマっていくのです。

お客様を見極めるために大事なアポ取り

　結果を出したいのなら、こういったお客様に深入りしてはなりません。"営業をいいように使う"お客様をしっかりと見極めるべきです。時間は限られています。

　貴重な時間はいいお客様に投資したほうが効率がいいのです。

　ある時からこういったお客様を見極めるための工夫をするようになりました。

　具体的な方法は「**先々までのアポイントを取る**」といったやり方です。

　契約までのスケジュールを説明し、本気度を見極めます。

　まずは、検討して頂くお客様に対して「どのように検討していくか」を視覚的に見せながら説明します。

・ヒアリング（間取り、資金計画）→調査→ご提案1→ご提案2→見積もり→ご契約

といった流れを丁寧に伝えます。

　そこで「来週にたたき台のプランを提出します。その翌週に解散見積もりを見て頂きまして」といって2週間先の予定を決めようとします。購入への意思があるなら「じゃあ、来週は10時からで、再来週は11時からでお願いします」と時間を決めてくれます。

　ここで「決める気のないお客様」は渋ってきます。

　スケジュールを見ないうちに「ちょっと予定が分からないし」とごまかすお客様は要注意です。

予定が分からないといった時点で「あなたの会社への優先順位」はかなり低いと考えられます。

　分かりやすい例は「来週の予定は分からないけど、いい条件を出してくれれば前向きに考えるから」などと言ってくるお客様はまず契約になりません。こういったお客様はこちらからアポを取らず、自然に縁を切るようにしていました。

　見極めに成功した私は「手間のかかるお客様」に振り回されることは無くなります。セーブできた時間をすべて信頼してくれる、いいお客様に投資したのです。

　いいお客様との商談はほぼストレスがなく進んでいきます。

　もちろん値引きを要求されることもありました。

　その時も「無理だったらいいんだけど、このオプションだけサービスできない？」といった感じです。サービスしても、しなくても契約になったものです。しかも少しのサービスでかなり感謝してもらえました。

　それが紹介にもつながったのです。

　やり方は一つではありませんが、何らかの方法でお客様を見極めてください。とにかく契約する気がないお客様から一刻も早く手を引くのです。その代わり、いいお客様に時間と労力をつぎ込むことで確実に結果が出ます。

POINT

**いい循環を得るために、
いいお客様と付き合うこと**

本当の予算と要望を見極める

1 予算を正確に聞き取る
2 2プランの提案書を用意する

予算を正確に聞き取る

　営業スタッフの役目はお客様の話を深い部分までヒアリングすることです。

　表面上の内容ではなく「とことん聞き出すこと」が重要です。

　そして正確な予算を把握し、ベストな提案をすべきなのです。

　結果を出している営業スタッフはヒアリング力が強いといった特徴があります。

　その**ヒアリングの中でも"予算を正確に聞き取る"ということは非常に重要です。**

　これができるかできないかで結果は天と地ほどの差が出るのです。

『1億稼ぐ営業の強化書』（市村洋文 著 プレジデント社）の中で「お客様の話をとことん聞き、お客様が欲しい商品を提案する」と示されています。

　例えばお客様が「ファミリーカーを買おうか」と計画していたと

します。予算が「100万円なのかそれとも500万円か」によって提案内容は大きく異なってきます。

　これを正確に把握しておく必要があります。

「頭金なしのフルローンで考えている」といったような資金に余裕がないお客様は残債や他のローンの支払額から「月々の支払限度額」が算出できます。

　ここから逆算して「このお客様は250万円以下でないと無理」とリミットが見えてきます。

　その予算でご提案すればいいのです。

　難しいのは「お金を持っているがいくら出すか分からない」といったお客様です。

　お金を持っている人に限って「うちはお金がないから」といった言い方をします。本音を言ってくれません。

　こうなるといくらの商品をどう提案していいか迷うのです。

　予算の把握については私がやっていた住宅営業では非常に重要です。

　これが契約の9割を占めていると言っていいほどです。

　あるお客様と商談していた時のことです。

　このお客様ははじめから「建物の予算は2,000万円以上は出せませんから」と言ってきます。

　ほとんどのお客様は家の正確な予算を把握していません。

　ネット情報などで「普通の家族で住む家なら2,000万円くらいかな」と思い込んでいることもよくあります。

　実際2,000万円がリミットというお客様と商談していると、2,200〜2,300万円くらいになることがほとんどです。

家のオプションは高額でちょっと追加しただけで300万円くらい上がることも珍しくないのです。

　なかには契約後に500万円以上のオプションを追加したお客様もいらっしゃいました。

　こういった経験をするたびに「当初聞いた予算とはかけ離れている」と感じたものです。

　だいたいのお客様は「安めに予算を言う」といった傾向があります。

　またすべての手持ち金を出すわけにはいきません。

　ウソをつこうと思っているわけではないのですが、どうしても控えめに伝えるものなのです。

　金額に制限があると提案も限られてきます。

　予算重視にするあまり“夢も希望もないありきたりなプラン”になるケースも多くありました。

　提案書を見せた途端「あぁ、こんな感じなんですね」とガッカリしたお客様もたくさんいたのです。そんな時に他社から“予算は少しオーバーしているが夢のある提案”が出てきたりします。

　これで何度となく他社に奪い取られたものです。

　忠実に予算を守れば魅力的な提案は出来ませんし、だからと言って聞いた予算を大幅にオーバーするわけにはいきません。このジレンマに長年悩まされた結果、ひとつの方法にたどり着きます。

2 プランの提案書を用意する

　まず予算通りに1つプランを作ります。

　ハッキリ言って何の特徴も面白みもありません。

　これで満足しないことは分かっていますが、「これが予算を重視

した提案書です」と言って提出します。

　予想通りお客様はがっかりした表情になります。

　そして、**頃合いを見てもう１つ"お客様の希望をすべて叶えられるワクワクするプラン"を提出します。**

　当然お客様は満足してくれますし、目を輝かせながら話を聞いてくれます。

　しかし、内容はいいものの「いいプランだけど、これっていったいいくらになるの？」と不安になるものです。

　当然、予算オーバーになります。

　ここからが営業スタッフの腕の見せ所です。

　本当に必要なものを選びながら金額をすり合わせていきます。

　これを繰り返すことで本当の予算が分かってくるのです。

　基本的にお客様は予算を安く言ってくるものです。

　それを前提に商談を進めるようにしてください。

　やり方としては、予算通りにプランと理想のプランを提出します。

　その後、本当に必要なものを選別し、金額と内容を調整していけばいいのです。

　これでベストの提案ができるようになります。

POINT

予算と要望を見極めてベストな提案をする

曖昧な表現をせず「具体的な数字」で伝える

1 **数字は共通語**
2 **お客様とのイメージのギャップがなくなる**

数字は共通語

話をしていて「この人の話は分かりやすいし、はっきりとイメージが湧く」と思うこともあれば「なんか雲をつかむような話で、モヤッとする」と感じることもあります。

いったいその違いは何でしょうか?

この違いは「具体的な数字で伝えられているかどうか」なのです。

『営業マンにホントに必要な「数字」の話をします。』(深沢真太郎／U-CAN)の中で「相手に安心感を与える＝数字で伝える」と述べられています。

数字は共通語です。

数字の5は誰にとっても5ですし、100も誰にとっても100です。

結果を出している営業スタッフは数字を上手く使い、お客様と情報を共有します。

より鮮明にイメージさせ、安心感を与えているのです。

　同じ話でも数字が入っているかどうかで印象が変わってきます。
　知人Aさんと話をした時のことです。
　ゴールデンウィーク中に千葉に潮干狩りに行ったとのことで「いやぁ～道がかなり混んでいて、まいったよ」という話をしてくれました。
　"かなり混んでいた"というだけでは人それぞれ違う捉え方をします。まわりの人たちも「そうでしょうね」と答えるくらいしかなかったのです。

　知人Bさんと話をした時のことです。
　Bさんもゴールデンウイーク中に同じく千葉に旅行で行ったと言います。
　その内容についてBさんは「群馬から千葉まで渋滞で6時間かかってね。ヒドイ場所は1時間で100メートルくらいしか進まない感じでしたよ」と話してくれました。

　おそらくAさんもBさんも同じような渋滞にはまったのでしょう。
　両者とも大変な思いをしたのは間違いないのですが、Bさんの話の方が何倍もイメージが湧きます。

　Bさんの会話には"6時間"と"1時間で100メートル"という数字が含まれています。
　これならば多くの方がBさんと同じつらさを共有できます。
　聞いていた人たちも「6時間かぁ、それは大変だったね」とそのつらい経験を共有できたのです。

お客様とのイメージのギャップがなくなる

これは商談の場面でも言えます。

多くの営業スタッフが「う〜ん、今の説明って実際どのくらいなの?」とお客様を迷わせる表現をしているのです。

そしてほとんどの場合お客様が間違った解釈をしています。

お互いに間違った認識をしたまま話が進んでいく。

こうして最終的に大きなギャップになってしまうのです。

たとえば営業スタッフが「こちらの商品を使うことで時間効率がかなりアップします」と言ったとします。

"かなりアップする"というのはいったいどのくらい良くなるのでしょうか?

人によっては「3倍くらいかな」と思うでしょうし、別の人は「せいぜい1.2倍くらいだろう」と思ったりします。

人によって差が出るのです。

住宅営業の説明の中で「一般的な大きさですが」といった表現をする営業スタッフがいます。

"一般的な大きさ"と聞いて、ほとんどのお客様は理解できません。

ほとんどのお客様にとって家は一生に1回の買い物です。

一般的と言われてもピンとこないのです。

そうではなく「35〜45坪くらいの大きさ」といったように具体的な数字で伝えれば正確に伝わります。

こういった数字を聞いて「今住んでいる家が30坪だから、新築では40坪くらいがいいな」とイメージしやすくなるのです。

また多くの営業スタッフが「たくさんのパターンの中から選べますよ」といった言い方をしています。

"たくさん"は人によっては"20パターン"と考え、別の人は"300パターン"とイメージするかもしれません。

これはかなりのズレになります。

しっかりと数字で伝える必要があるのです。

ぜひ一度、"もっと具体的に表現できないのか?"という観点で他人のトークをチェックしてみてください。

必ず1つか2つは見つかるでしょう。

そしてそのトークに具体的な数字を追加するのです。

"具体的な数字で伝える力"を上げるために、日ごろのコミュニケーションから意識してみましょう。

これは今日から出来ます。

今日家に帰ったら家族に対して「いやぁ〜今日は結構頑張ったから疲れたよ」というのではなく「今日は同僚が休んで、いつもの2倍の仕事をしたから疲れたよ」と言ってみるのです。

この方が家族は優しくしてくれると思います。

営業スタッフで"数字を意識しながら話をする"という人は成績のいい人です。

それが無意識にできるようになった時、自ずと結果は出るものです。

POINT

トークも文章も意識して数字化すること

商談に入るまでの「空気のつくり方」が自然である

Essence

1 明るくて楽しい雰囲気を作る

2 商談前のネタを考える

3 商談に入る前に勝負は決まっている

明るくて楽しい雰囲気を作る

　トップ営業は商談の進め方が上手く、お客様の購買へのモチベーションを高めていきます。

　途中で反論が出たとしても、それを鮮やかにかわし契約へと導きます。最後はお客様から「いい商品を紹介して頂きましてありがとうございます」と感謝されるのです。

　これこそ目指すべき営業として理想の姿です。

　これはトップ営業の商談の進め方が上手いからなのでしょうか？

　もちろんそれもありますが、他の営業スタッフとの一番の違いは商談に入るまでの"空気のつくり方"が格段に上手いのです。

　いい雰囲気でスタートすることが契約を取るための大切なポイントとなります。

　『なぜハーバード・ビジネス・スクールでは営業を教えないのか？』（プレジデント社）には売る秘訣の一例として「**感じがよくて、ジョークを言えて、話が上手ければいいんだよ。**」と書かれています。

これはテレビショッピングの売り方ですが**"明るくて楽しい雰囲気づくりが大切"**ということを述べています。

昔、深夜のテレビショッピングで"バケツ一杯の水で洗車ができるキット"という商品を買ったことがあります。

明るい外国人さんがジョークを交えながら商品を紹介していきます。そして最後にクロージング。思わず買ってしまったのです。

ただ、「なんか楽しい気分になって思わず買ったな」という記憶だけは残っています。

商談前のネタを考える

ハウスメーカーの営業スタッフ時代のことです。

同じ営業所に"知識はたいしたことないが、なぜかたくさん契約を取ってくる"という営業スタッフがいました。

「ぜひともその秘訣を知りたい」と思い、商談の様子を盗み聞きしたことがあります。

お客様が来店してテーブルに座ります。

私がお茶を持っていく頃にはその営業スタッフとお客様で大笑いしています。

たった1分の間に最高の雰囲気が出来上がっていたのです。

その後もこの営業スタッフを研究しました。
商談に入る前に「ひとネタ」用意しています。

・子どもとのほのぼのエピソード
・奥さんから怒られた話
・ちょっと間抜けな失敗談

などなど。**自虐的な内容で笑いを取っていました。**

　最高の雰囲気で商談をスタートさせていたのですから、話が上手く進むのです。

　その一方"努力しているのに結果が出ていない"という営業スタッフも同時に観察していました。その営業スタッフは商談前に「今日こんなニュースがありましたね」という話をしていました。

　ただ、その内容がいつもネガティブだったのです。

　お客様の笑顔が消えたまま商談がスタートします。

　話は盛り上がらず、いい方向へは向かっていなかったのです。

　プライベートでこんな経験をしたことがあります。

　初めてお会いした人が、挨拶してすぐに「そう言えば〇〇さんは入院したらしいですよ」と話し始めたことがありました。

　共通の知り合いでしたが、いきなり入院の話では盛り上がりません。出会って5分もしないうちに「あぁ、早く家に帰りたいなぁ」と思ったのです。

　商談も初対面の人も"空気のつくり方"は非常に重要なのです。

　ただ、営業スタッフの方からネガティブなことを言い出さないとしてもお客様からネガティブな話題をふられることも考えらます。

　ニュースの多くはネガティブな内容で構成されています。

　これを見たお客様は「今、ウイルス性の風邪が流行っているみたい。本当に怖いね」ですとか「こんな事件があったみたいね」などと言ってくることもあります。

　お客様からの話題を無視できません。

　これに付き合ってしまうと、いい流れがつくりにくくなります。

ネガティブな話題になる前に、こちらから"明るい話題"を提供するのが理想です。

もし先手を打たれてしまったから「そういうのは心配ですよね」と一回受け止めてから「そうそうこんなことがありましたよ」と切り返すのです。こういったネタは普段からメモをしていてもいいですし、ネットで探して準備しておくようにしましょう。

これをやるとやらないでは大違いになります。

商談に入る前に勝負は決まっている

既に商談しているお客様ならば、相手の興味は分かっています。

野球、サッカー、ラグビー、ヨガ、料理、ラーメン…などなど。

好きなジャンルで、しかも明るいニュースはテンションが上がります。ソフトバンクホークスファンの私に対して「昨日の試合、勝ってよかったですね」と言ってくれる人がいます。

この人はもちろんトップ営業です。

私はお客様の立場として、いろいろな営業の方とお会いします。

いい人が多いのだが、「つかみネタ」を用意してくる人はほとんどいません。ということはやれば間違いなく結果は出るものです。商談に入る前に勝負は決まっている。

そう考えてしっかりとネタを準備しておきましょう。

POINT

場が明るくなるネタを用意しておくこと

競合他社を熟知している

1 競合他社の資料を読み込む
2 他社の情報も伝えてあげる

競合他社の資料を読み込む

お客様との商談で一番いいのが"単独指名"です。

信頼関係を築き、「この商品についてはあなたにすべて任せますから」と言われることほど嬉しいことはありません。

しかしそれはあなたもご存じの通りほとんどないレアケースです。どんなにいいお客様であってもなんだかんだ2、3社は競合させるものです。

私がやっていた住宅営業もまた競合が多い業界です。

その競合会社はいつも同じような会社になります。

私の会社は鉄骨の住宅だったため、似たような価格帯の軽量鉄骨のメーカーがライバルになっていました。

お客様の中には「なんとなく見た目が好きだから」と言って構造に関係なく検討する人もいました。

とにかく、ほとんどのお客様は5、6社以上で、多くなれば10社以上を競合させるお客様もいたのです。

多くの本で「競合対策の重要性」について示されています。

ライバル社と戦ううえで大切なのは相手の手の内を知ることです。つまり競合に強くなるにはライバル社の営業のやり方、価格帯を知り尽くす必要があります。

　知れば知るほど、競合しても怖くなくなるのです。

　私がトップ営業になった時のことです。

　他社のやり方や価格帯について詳しい方でした。

　・いつのタイミングで値引いてくるか

　・どんな提案をしてくるか

　・最終的にはどのくらいの価格になるか

　などなど。会社によっては「あの営業所の店長が担当かぁ、じゃあこの手でくるな」というところまで知っていたのです。

　その時は「他社のやり方を徹底的に調査するぞ」などと考えていたわけではありません。

　きっかけはお客様から「これよかったら持って行ってよ」と他社の資料をもらったことでした。

　あるお客様との商談でのことです。5社検討していたのですが、最終的に私の会社ともう一社に絞られます。

　残ったのは商品も似通っており、よくぶつかるライバル社です。

　ライバル社の営業スタッフも必死だったのでしょう。

　膨大なプレゼン資料と見積書を提出していたのです。

　最終見積書は回収していったものの、他の資料はそのまま置いていきました。それを私が譲り受けたのです。

他社の情報も伝えてあげる

　それを日付順に１つ１つ見ていきました。

　すると、まずは"手始めに約100万円の値引き"からスタートしています。その後、150万円、200万円と値引き額が増えていき、最終的には本体価格の15%ほど値引いていました。

　またよく見ると細かい部分で金額も変わってきています。

　たった１件の例でここまで他社のやり方が分かったのです。

　それから私は積極的に他社資料を集めるようになりました。

　情報が集まれば集まるほど"ライバル社が商談をどう進めてくるか"が見えてくるようになります。

　競合しても怖くなくなったのです。

　信頼関係を構築したお客様にはよく協力してもらっていました。

　お客様はほぼ契約先を決めているものの「でも他も見てみたい」といった気持ちがあります。

　そこで、私は「Ａ社とＢ社には苦しめられていましたね。提案書と見積書をもらって頂けますか」とお願いしていたのです。

　多少横取りされるといった危険性もありますが、お客様が内緒で他社から見積もりを取るよりは全然マシです。

　ちなみにこれで他社に奪われたということはありません。

　もちろん「優柔不断で断れないタイプだ」と感じたお客様にはお願いしませんでした。

　信頼関係が出来ており、好奇心旺盛で社交的なお客様はこういった調査的なことを好んで協力してくれます。

　これを意識的に続けていました。

気づけば他社資料が50〜100例とかなり増えたのです。

そのころにはマニアレベルまで他社に詳しくなっていたのです。

せっかくなので、その資料をアプローチブックとしてまとめることにしました。**このアプローチブックは"最強の武器"となります。**

例えば商談中にお客様が「C社はどうですかね?」と言ってきたとします。そんな時にすかさずアプローチブックを取り出し「C社の場合、初めにこういった方法で提案してきます。次に…」と説明します。その流れでC社に近いD社やE社についても教えてあげるのです。数社の資料の説明をすればお客様は満足してきます。「何社か競合させて検討しよう」と思っていたお客様ですら、「なるほど、他社は検討しなくてもいいかな」となることもよくありました。

また私はこの説明ができた時点で"いち営業スタッフ"ではなく**"住宅営業のプロ"**として認識されるようになります。

ある時はお客様が友達を連れてきて「この見積もりの金額ってどう思いますか?」と相談されたこともあります。

ここまで信頼されれば、競合など怖くないのです。勝率を上げるならまずは戦う相手を知る。これは勝者の戦略です。

どんな方法でもいいので、とにかく他社の資料を集めてください。他社マニアになった時、最強の営業スタッフになっているでしょう。

POINT

競合他社の情報を知り尽くしておくこと

売れる営業の「商談」
Check List

いい循環を得るために、
いいお客様と付き合うこと

予算と要望を見極めて
ベストな提案をする

トークも文章も意識して
数字化すること

場が明るくなるネタを
用意しておくこと

競合他社の情報を
知り尽くしておくこと

第 6 章

売れる
営業の
「クロージング」

クロージングに
こだわる

「はい」を引き出すプロセス

営業の最後の流れで重要なのが、クロージングです。

これは顧客の「はい」という意思決定を引き出すプロセスです。

営業の成否を分ける重要な瞬間になってきますね。

しかしながら、時代の変化に伴い、クロージングのアプローチも変わってきました。

もしも

・最後の最後で失敗してしまう
・クロージングが苦手だ
・押しが弱いのが悩みだ

と感じるなら、アプローチを変える必要があります。

納得をして買っていただく

1つの方法は、クロージングでお客様を説得するのではなく、納得させること。

成功する営業スタッフは、お客様が自ら納得し、自分から進んで決断するよう導くスキルを持っています。

営業スタッフが無理に決断を迫るのではなく、お客様が自然と決

断するように誘導することが大切です。

　そして購買意欲を引き出すだけでは足りません。
　お客様の本当のニーズを理解し、納得感を持って契約に進むための方法が求められます。

　この章では、成功するクロージングのポイントやテクニックをわかりやすく解説しています。
　お客様との信頼を築き、成果を上げるためのクロージングの方法をぜひ学んでみましょう。

クロージングでは
無駄口を叩かない

1 **クロージングは「黙る」が鉄則**

2 **ポストイットで商品のポイントを表記**

クロージングは「黙る」が鉄則

クロージングの失敗の原因は「しゃべり過ぎ」の場合が多いと言われています。

私自身もクロージングに関して苦手意識を持っていました。

せっかく順調に進んでいても最後の最後で失敗して商談を潰してしまう…。本当に悔しい思いをしてきたのです。

時間をかけて作った提案書や最終見積書についてしっかり伝えたいと強く思います。

なにしろここで断られたらすべての苦労が水の泡なのですから、力が入るのは当然のことです。ただ、しゃべり過ぎで時間が長くなるとお客様の集中力が途切れてきます。

そしてなんといっても、**お客様は最後は「自分で納得して決めたい」気持ちがあり、営業がガツガツ一方的にしゃべって誘導していくのは得策ではありません。**

重要なのは、クロージングでは「黙る」ことです。

『90日間でトップセールスマンになれる最強の営業術』（野部剛 著 東洋経済新報社）でも、**お客様が商品・サービスの特性や価値を十分に理解して、プレゼンテーションの意義に納得したところで、「いかがですか？」「どうされますか？」と聞いて黙る。これが世界最強のクロージングです。こうすることで、お客様は自己内対話をして考え始めます。**と述べられています。

もう１冊、クロージングにおいて私の認識が一変したのは『私はどうして販売外交に成功したか』の中の事例を知ったことでした。著者のフランク・ベトガー氏はクロージング方法について先輩の販売員に秘訣を聞きます。その秘訣とは、**「申込書と万年筆を出してあとは黙っていればいい」**ということでした。ベトガー氏は半信半疑だったものの難航しているお客様に試すことに。

「今日は帰ってくれたまえ」というお客様に対して断り文句を聞き流し、申込書と万年筆を出し「これでよろしいでしょうか？」といったまま黙ります。そのお客様は少し考えて、その申込書にサインしたというのです。

この方法について、ベトガー氏は上記の著書の中で、

「相手の心を署名するということに集中させて、これを拒絶するというような考えを起こすだけの余裕を与えなかった」ことにあるのではないかと思う。

と語っています。

ポストイットで商品のポイントを表記

私が売っていたのは住宅です。さすがに無言で提案書と見積書を出して「これでよろしいでしょうか？」と黙るのは難しいと思いますから、沈黙しても不自然でないやり方を探っていきました。

そこで考えたのは、**トークの量を減らし、その分言いたいことを「ポストイットに書いて貼っておく」という方法**です。

　例えば家の間取り図に

・こちらは家事スペースとしてお使いいただけます

・キッチンから洗面に直接行けます

・ご主人の趣味のものを飾れます

　と書いて貼っておきます。

　図面を出したら「こちらでいかがでしょうか?」と言って黙るのです。伝えたいことはポストイットに書いてありますからしゃべらなくても問題ありません。

　安心して待っていられるのです。

　ほとんどのお客様は図面をしばらく黙って真剣に見ます。間取りに何か貼ってあれば気になって目が行くものです。変更点が出た場合はその部分に関してしっかりお聞きして、反映させます。この方がはるかに話はうまく進んだのです。

　この方法はクロージングの際にはもっと力を発揮します。

　最終見積書を出す場合、かなり緊張するものです。

　営業スタッフとしては「思っているより高いなあと思われてしまうのでは」と不安になります。

　この方法を知ってからは最終見積書に

・諸費用はこちらです

・こちらが総額です

・こちらが月々の支払です

　などと重要なポイントを書いて貼っておきます。

　そしてお客様が何かしゃべるまで待ったのです。これを見たお客

様がじっくりと考え「このオプションは別のものに変えられるのですか?」などと質問してきたりします。その時はしっかりと丁寧にお答えします。

またお客様によっては「あともう少し何とかならないの?」といったような値引き交渉をしてくることもあります。

こんな質問が出ればほぼクロージングが成功したようなものです。お客様から希望を聞いて「こちらから〇万円値引きする決裁をとっておきます。それでご契約でよろしいですね」と自然にクロージングできるのです。

もし、これが営業スタッフから「今月に決めて頂ければこちらをサービスします!」と迫ったらどうでしょうか。多くのお客様は「なんだ、もっと値引きできるのか」と思うものです。同じ金額を値引きするとしても、全く印象が変わってしまうのです。

私の知人の信用金庫のトップ営業はポストイットに「今月に決めて頂ければこの金利で借り入れできます」と書いて貼っておきます。それを出したらお客様がしゃべるまで黙って待つのです。

するとこれを読んだお客様は「今月いっぱいならこの金利でいいんですね。では来週の金曜日に手続きお願いします」と勝手に決めるというのです。

クロージングでは伝えたいことをポストイットに書いて貼っておくのは大変有用です。黙ることは有効ですが、それが不自然にならないよう、あなたの職種でも応用してみてください。

POINT

「いかがでしょうか?」と聞いた後は
黙ってお客様の発言を待つこと

支払い能力と決定権者を把握している

Essence

1 クロージングの前におさえる2点
2 支払いの下限と上限を聞く

クロージングの前におさえる2点

クロージングを決めるために、おさえておくべき情報が2つあります。

まず、**相手に支払い能力がないと話になりません。**

もう一つは、**決定権の無い人といくらいい話になったとしても、最終的には契約に至りません。**

クロージングを決める前提として、「支払い能力があるのか」「誰が決定権を持っているのか」を見極めることは特に重要です。

外資系の生命保険会社のトップ営業とお会いした時のことです。

外資系の生保は「契約を取った分、給料がもらえる」といった歩合の割合が大きい傾向にあります。真面目にやっているのに年収100万円の方もいれば、それほど働いていないように見えるのにもかかわらず億稼ぐ人もいます。

100倍以上の差がつく場合もあり、並大抵の能力では営業として生き残ることができません。

その方は、ガツガツした性格でもなければ、特段話し上手といった感じでもありませんでした。それでもとんでもなく稼いでいたので、その秘訣を直接お聞きしたのです。

　結論から言うと、「お客様を見極める能力」が段違いにあり、「払う能力があるか？」そして「その人に決定権があるのか？」を重要視していました。

　具体的な話し方のパターンをご紹介します。
　まずは**「これからご提案するにあたり、必要なことだけ質問させて頂きます」と断ってお客様に承諾を得ます。**
　こうすることで多少デリケートな内容を聞いても大丈夫になりますし、仮に「ちょっと失礼な聞き方」をしても問題ないと言います。

　これは私自身もやっていたことがあります。
　ヒアリングする際「必要なことだけ質問させて頂きますが、よろしいでしょうか?」と聞いていました。
　こう言われるとお客様は「適当に答えておけばいい」などとは思わなくなります。
　精度の高い要望を聞き出すことができるのです。
　ライバルよりいい情報が手に入れば、いい提案ができるように。
　一歩深くまで踏み込んだ提案ができれば、勝率がかなり上がるのです。

　その営業スタッフの方は承諾を得たうえで"支払い能力があるか、決定権があるか"をしっかり聞いていきます。

ただし、お客様に面と向かって「支払い能力がありますか？」とストレートにはなかなか聞けません。

　こんないい方をすれば、不機嫌になるお客様も多いでしょう。

支払いの下限と上限を聞く

　ここでちょっとした聞き方の工夫をしています。
　それは「**下限と上限を聞く**」という方法です。
　予算を探る際、まずは「**この金額だったらすごく楽だなという金額はいくらくらいでしょうか?**」と質問します。
　これだったらお客様も答えやすいでしょう。

　お客様が「まあ、５万円以内だったらすごく楽ですけどね」と答えたら、その流れで
「では、この金額を超えたら検討自体をやめようと思うリミットの金額はいくらですか?」と質問します。

　流れ的に「う〜ん、８万円を超えたら無理なので、やめますね」と答えてくれます。
　こうすれば嫌みなく支払い能力や予算感がつかめるのです。

　決定権者についても、ストレートに「あなた一人で決められますか?」とは聞きにくいものです。
　そうではなく「**決断する前にご両親に相談する方もいらっしゃいますが、○○さんはどうお考えですか?**」といった聞き方をします。
　このように聞かれればお客様も答えやすくなるのです。

これは生保の営業の例ですが、それ以外の営業でも応用できます。

　お客様の要望や時期、予算など。たくさん聞くことはある。
　それよりも「払えるかどうか」ということと「決定権は誰なのか」はもっと重要です。
　トップ営業は必ずこの２つのポイントをしっかりおさえています。
　ですからクロージングで肩透かしを食らいません。
　こうして確実に契約を取っているのです。

**「払えるかどうか」と「決定権は誰なのか」を
明確にすること**

長期フォローを
大事にしている

Essence

1 押しの営業よりも長期フォロー

2 地道な行動で確実に結果を出す

押しの営業よりも長期フォロー

　営業で結果を出すには、出会ってすぐに契約を決める押しの強い「一撃必殺の営業」か「長期でフォローしてジワジワ信頼を構築して契約を取る」のどちらかになります。

　伝説の営業スタッフというのは前者のタイプが多く、出会ってすぐのお客様をキッチリと仕留めます。

　ただその代わり「決断に時間がかかるお客様」に関してはほとんど興味を示しません。

　一撃必殺で契約を決めるスキルがあるので「時間のかかるお客様にかまっている暇はない」と思うのです。

　そして押しが強いかどうかは、「ポテンシャルや熱意」といった再現性の低い要素が絡んできます。

　そういった営業とは逆に「時間がかかるお客様を長期でフォローして契約を取っていく」というタイプのトップ営業もいます。

私もこのタイプでした。

「トップ営業が興味を示さないお客様」を丁寧にフォローして信頼を積み上げていきます。

　このお客様が検討段階に入った時にドラフト一位指名されたりするのです。

　この時ほとんど競合はありません。時間はかかりますが確実に契約を積み上げられるのです。

　そして数は少ないですがその両方を兼ね備えている二刀流の営業スタッフもいます。

　決まるお客様はその場で確実に仕留め、仕留めきれなかったお客様を長期でフォローして決めていきます。また「中長期のお客様」も無駄にせずしっかり育てます。

　これこそが最強営業スタッフだと思います。

　一撃必殺で契約を取る営業は、一瞬にしてお客様の心をつかみます。

　少し話しただけで「あぁ、私が探し求めていたのはこの人だ」と思ってもらえればそこで決まりです。トップ営業は他の営業スタッフが言わないような「お客様を本気で思うトーク」をします。

　こうしたトークがハマれば「こういった人を探していた！」と思ってもらえることもあるのです。こういったスキルを磨くのも営業の醍醐味ですね。

　ただし、**確実に早く身につけられるのは「長期フォロー」です。**

地道な行動で確実に結果が出る

　私は完全に「長期フォロー型」で「トップ営業スタッフが興味を示さないお客様」に対して時間をかけて契約を取ることを得意としていたのです。

　その際、重視していたのが「**ザイアンスの法則**」です。

　ザイアンスの法則とは、「知らない人に対しては攻撃的な態度を取り、接触回数が多いほど親しみを感じる」といったことです。

　また、「60分1回の面談より10分6回の面談の方が親密度が深まる」という実験結果があります。

　要するに**面談時間より接触回数が重要**ということです。

　私は「中長期のお客様」に対して初めの1カ月に4回、2カ月目からは月に1回のペースでお役立ち情報を送っていました。

　それを2年間続けたのです。

　契約までに2年かかったお客様もいれば、3カ月で契約になったお客様もいます。

　長期フォローで決まったお客様は競合がほぼ無く「これでいきましょう」と普通に言うだけでクロージングできたのです。

　ザイアンスの法則は私の知る限り「最強の営業心理術」と確信しています。

　出会ってすぐにお客様の心をつかみ契約にもっていくスキルを磨きながら、長期でフォローできるツールを用意しておくようにして

ください。

　この二刀流ができればあなたは最強の営業スタッフになれます。

一撃必殺と長期フォローの二刀流で挑むこと

「いいお客様」を見極める目を持っている

1 **いいお客様とだけ仕事をする**
2 **自分の「許容量」をオーバーしない**
3 **法人営業も応用できる**

いいお客様とだけ仕事をする

　一部の格闘技を除き、スポーツの世界では「対戦相手」を自由に選べないものです。

　対戦相手が強いか、それとも弱いかは運でしかないのです。

　しかし、営業の世界は少し違います。

　すべてとは言わないものの相手は自由に選べます。

　トップ営業はこのことを熟知しています。

　勝てる相手だけ選んで戦っているのです。だから、当然勝率が高くなります。

　この考え方を知っているか知らないかで、営業成績は天と地ほどの差が出るようになるのです。

　『ランチェスター No.1理論　小さな会社が勝つための３つの結論』（坂上仁志 著　ダイヤモンド社）では「**まず勝てる場所を選び、勝てる相手を選ぶことです。**」と述べられています。

私のダメ営業時代のことです。

同じ営業所に常にトップの先輩がいました。

たくさんのお客様を担当していたのですが、どのお客様も優良客ばかりです。その先輩のお客様を見て「なんであんないい人ばかりなんだろう。いいなぁ」と羨ましがっていたものでした。

先輩のお客様の特徴として

・競合が少ない
・無茶な要望を言ってこないし、無理な値引き要求もしてこない
・人柄もよく、お土産などもよく持ってくる
・新しいお客様を紹介してくれる

といったものがありました。

営業スタッフとして、喉から手が出るほど欲しいお客様ばかりだったのです。

その一方、私が担当していたお客様は大違いです。

契約までに手間がかかるのはもちろんのこと、契約後はかなり面倒なことになります。

値引きに応じなければ「契約を破棄してもいいんだよ。他に会社はいくらでもあるんだから」と脅してきます。

工事が始まれば「言うとおりになっていない」とクレームで何度も呼ばれる羽目に。

もちろんお土産など一度ももらったことがなかったのです。

当時のお客様はキツイ人ばかりでした。「営業って本当につらい…」と思いながら活動をしていたものです。

本当に先輩はラッキーで私はアンラッキーだったのでしょうか?

そうではありません。先輩は面倒になりそうなお客様の商談から
いち早く撤退していました。**足を引っ張るお客様とは付き合わず、
いい関係を構築できるお客様をしっかり選んでいたのです。**

自分の「許容量」をオーバーしない

数年後のことです。私は役立つ情報を提供するといった手法がハマ
リ、商談して頂けるお客様の数が一気に増えました。はじめのう
ちはすべてのお客様と商談していました。

今までまともに話をしてくれるお客様がいなかったため「声をか
けて頂いただけでありがたい」という気持ちが強かったからです。

しかし、限界があります。

許容量をはるかにオーバーしミスを連発するようになり、多くの
お客様に迷惑をかけるようになってしまいます。

**そこで「勝率が低そうなお客様」や「面倒になりそうなお客様」
とは商談を続けないようにしたのです。** そうしたところ一気に使え
る時間が増えます。その分いいお客様につぎ込めるように。その結
果、契約数が4倍に伸びたのです。

その後お客様を的確に判断し「勝てるお客様」だけと商談するよ
うにします。今まで2割程度だった勝率が8割に。

無駄な作業が激減し「定時で帰るトップ営業」になることができ
たのです。

トップ営業は勝てる相手を選んでいます。

しかも契約後に付き合っていくべきかということもしっかり判断
します。だからこそ短時間で最大の結果が出せるのです。

法人営業も応用できる

今までの話を聞いて「これは個人向けの営業(BtoC)だけの話だろう」と思った方もいるかもしれません。

法人営業(BtoB)でも応用できることがあります。

法人営業は会社や担当が決められているため「この会社の担当者とは気が合わないから付き合いをやめよう」といったことはできません。

この場合、完全に関係を切ることはできないとしても、付き合う相手は選択できます。

例えば、ある食品会社の法人のトップ営業スタッフは窓口の人が付き合いにくいタイプの場合、"売り場のバイトの方"との付き合いを重視するようにしているといいます。

売り場に商品を並べている人はバイトの方たちです。

そこから「この商品が売れているから補充してください」と言われれば注文せざるを得ません。こうして数字を稼いでいるのです。

このように付き合う相手を選ぶことも結果を出すために非常に重要です。多くのトップ営業がやっている戦略は「勝てる相手を選んで戦っている」ということです。時間は有限です。

その限られた時間をどのお客様につぎ込むか、は非常に重要になってきます。トップ営業はこうして結果を出しているのです。

POINT

「面倒なお客様」を追いすぎないこと

成功からも
失敗からも
学んでいる

1 失敗を振り返る習慣をつける
2 「この商談から何を学べたか?」自分に質問する

失敗を振り返る習慣をつける

どんなに悔しい敗戦だとしても、**「この商談から何を学んだのか?」** と自分に質問するように心がけることが大事です。

また、可能であれば **「何が問題だったのでしょうか?」** など、相手に理由を聞いてみましょう。

この質問をすれば「テストクロージングが弱かったなぁ」もしくは「そもそもヒアリングが甘かったのでは」などと反省点が見えてきます。この方が何倍もメリットがあります。

まずは失敗に対する考え方を変えましょう。

『失敗の科学』(マシュー・サイド 著　ディスカヴァー・トゥエンティワン)では「成功を収めた人々の、失敗に対する前向きな考え方にはよく驚かされる。もちろん誰でも成功に向けて努力はするが、そのプロセスに「失敗が欠かせない」と強く認識しているのは、こうした成功者であることが多い」と述べられています。

売れる営業は、失敗をしてはいけないものではなく、失敗を「当

然のもの」と受け止めていく人が多いのです。だから失敗をしたときにそれを振り返る習慣をつけているのです。失敗に終わったときには、何かが不足していることがほとんどです。

簡単なことではありませんが、失敗を前向きにとらえて、成長のヒントに出来れば強いですね。

「この商談から何を学べたか？」自分に質問する

もちろんクロージングが成功しても同じ質問をします。

上手くいったら「**今回の契約は何が良かったのだろうか？**」と自分に質問するのです。

そして相手にも「**何が良かったのでしょうか？**」と聞けるときはきいてみましょう。

こうして、いい点をリストアップすればこれもまた次回に活かせます。いずれにしても結果を冷静に分析して、自分にフィードバックするのです。

これを繰り返していけば確実にトップ営業へと近づいていきます。

私は野球をするのも見るのも好きです。推しはソフトバンクホークスで、福岡ダイエーホークス時代からのファンです。

万年Bクラスの弱小チームを常勝チームにしたのは王会長の存在が欠かせないと思っていますが、王会長の言葉はビジネスでも学びがあります。15年以上前のことですが、王会長が監督時代に病気で入院し手術をします。

退院の会見で「**選手たちと勝利の喜びと負ける時の悔しさを味わいたい**」といったことを言いました。

野球は勝負の世界です。

勝てば評価され、負ければ叩かれます。やはりもちろん勝つことが喜びであることは間違いありません。しかし、王会長の「負ける時の悔しさを味わいたい」というのは本当に野球が好きな人の考え方です。野球を心から好きで、野球を愛しているからこそ出た言葉でしょう。

　そのこと自体を心から楽しむことができます。

　これこそ成功の神髄だと考えています。

誰しも避けたい失敗から積極的に学ぶ。

　これは営業職を極めている人の共通の考え方です。

　たとえば「このお客様は絶対に落とすことはできない」といった商談をしていたとします。

　商談も終盤に差し掛かり、しっかりとクロージングをします。

　お客様の感触は悪くありません。

　笑顔で「では社内で決裁を通してから連絡します」と言って別れます。

　それから1週間後、「今回はB社にすることにしました。申し訳ございません」といった短いメールが届きました。

　そんな時、あなたはどう思うでしょうか?

　時間と手間をかければかけるほどショックが大きいですし、精神的にもダメージを食らうものです。

　ここでグッとこらえて「自分の力不足です」と言えればいいのですが、普通の人は言い訳や愚痴の一つもいいたくなります。

　もしかしたら、まわりの人に「あのクライアントは細かく面倒くさかったから契約にならなくて良かったよ」などとうそぶいてしまうことだってあるかもしれません。

　私自身もよくやっていました。

なので気持ちはよく分かります。過去の私は敗戦するたびに「あの客は裏切ると思っていたんだ。やっぱりな」などと言っていたものです。

　こういった捨て台詞的なことを言うと、その瞬間はいいとして、「強烈に虚しい気持ち」を味わうことになります。

　もちろん学ぶことは何一つありません。

　さらには、**潜在意識に「良いことを言っていてもしょせん客は裏切るもの」といった悪いイメージが刻み込まれてしまいます。**

　これが非常に厄介です。

　潜在意識のパワーは強力で商談しながらも、心のどこかでいつの間にか疑うようになってしまいます。それが悪い雰囲気を醸し出すように。

　こうなるとお客様は「なんかこの営業は信用できない」と感じ取るようになるのです。

　こうして少しずつズレていき、気づけばすべてが上手くいかなくなるように。

　私はこれで泥沼にはまっていったのです。

　誰でも失敗をします。ですから失敗を一度受け止めて反省してから、切り替えていくことが大事ですね。

POINT

失敗を振り返り次の商談に向けて
不足した部分を補うこと

売れる営業の「クロージング」
Check List

「いかがでしょうか？」と聞いた後は
黙ってお客様の発言を待つこと

「払えるかどうか」と
「決定権は誰なのか」を明確にすること

一撃必殺と長期フォローの
二刀流で挑むこと

「面倒なお客様」を
追いすぎないこと

失敗を振り返り次の商談に向けて
不足した部分を補うこと

第 7 章

売れる
営業の
「アフター
フォロー」

アフターフォローに
こだわる

フォローを怠らない

　受注後のフォローアップは、営業活動において非常に重要です。

　実は、多くの営業担当者が受注後のフォローを怠っている現実が
あります。これは本当にもったいないことなのです。

　なぜなら、**アフターフォローは受注を得た後でもお客様との関係
を維持し、深化させるための最適な方法**だからです。

　アフターフォローを通じて、お客様のニーズや問題点を把握し、
適切なサポートや提案を行うことができます。

　また、アフターフォローにはお客様との信頼関係を築く効果もあ
ります。

　お客様があなたの提供する商品やサービスをより深く理解し、活
用する方法を知ることで、リピート購入や追加の発注につながる可
能性が高まります。

　そして、**信頼を築いたお客様から紹介をいただくこともありま
す。**

相手が喜ぶことを考える

　売れる営業においては、アフターフォローは欠かせない要素で

す。常にお客様とスタッフの視点に立ち、彼らが喜ぶことを考えながら行動する姿勢が重要です。

　さらに、クレームが発生した場合にも真摯に向き合い、解決に努めることで、顧客との信頼を一層固めることができます。

　アフターフォローは、一貫してお客様と向き合い、彼らのニーズに対応し続けるプロセスです。
　変化する状況や環境に応じて柔軟に行動し、お客様との良好な関係を築いていくためのアフターフォローの方法をお伝えしていきます。

既契約者も喜ばせる

Essence

1 相手を「どう喜ばせるか」という姿勢が大事

2 クレーム客へ変化させない

相手を「どう喜ばせるか」という姿勢が大事

普通の営業スタッフは「今月のノルマを達成しなくては」と必死になります。

新規の契約を取るために「既にご契約頂いたお客様」より「これから契約をしてもらえるかもしれないお客様」を優先します。

商談中のお客様に対しては「クイックレスポンス」ですぐに対応します。契約をしてもらいたいからです。

それはそれでいいことですが、既にご契約頂いたお客様、商品を引き渡したお客様から問い合わせがあったとしても「ちょっと今バタバタしておりまして、来週でもいいですか」と先送りにします。1回2回でしたら許されるかもしれません。

しかし、こういった対応が多くなってくるとお客様は不信感を覚えるようになります。

「契約前は動きがよかったけど、今はイマイチだよね」と思われるように。こうして信頼を失っていくのです。

売れる営業は新規の契約だけでなく、既契約者も大事にします。

大事にするということは、相手のことを思いやって**「どうすれば喜んでもらえるか」「どうすればいやな気持ちにならないか」**を察して行動しておくことです。

　元ルイ・ヴィトン顧客保有数№1セールスの土井美和さんも、
　19年間販売員をしてきた中で大切にしていたのは、「いま、目の前にいるお客様はたった一人のお客様である」というマインドです。―中略―このマインドを持つことこそが、リピート顧客ができる接客への近道だと思います。」(『トップ販売員の接客術』／土井美和 著　大和出版)と述べています。

クレーム客へ変化させない

　もしも「紹介してくれるいいお客様」から「クレーム客」へと変化してしまったらどうでしょうか。
　これはよく起こりえることで、とてつもないダメージを受けることになります。
　また余裕がない時は近くのスタッフに対しても雑になります。
　もちろんスタッフに感じよく接したいといった気持ちはあります。
　しかし、余裕がありません。よく「背に腹はかえられない」といいますが、切羽詰まった状況を回避するために、仕方なく物事を選択します。ノルマ達成のために、まわりに迷惑をかけたり、嫌な態度をとったりすることもあるのです。

　過去の私も契約前のお客様に夢中になるあまり、スタッフの方に対して2日以上かかる仕事を「今日中にやってもらわないと困ります」などと迫ったことがあります。
　こうして味方を減らし、敵を作ってしまうのです。

営業活動は一人では成立しません。協力してくれるスタッフがいなくなれば結果を出すことは不可能になります。

その一方、長期で活躍するトップ営業は違います。

契約になったり、商品を引き渡したりしたお客様をずっと大切にします。

常に「お客様が何をすれば喜ぶか」を考えています。

ですから契約後のクレームが激減しスムーズにやり取りができます。

クレームほど心を消耗することはありません。良好な信頼関係を継続していれば営業活動の足かせになるようなクレームには発展しないものです。そして多くのお客様から紹介を頂くのです。

そんなトップ営業にも契約が取れない苦しい時期があります。

たとえ自分が苦しい状況であってもまわりの人の気遣いを忘れません。間違ってもまわりにあたるなんてことはしませんし、無理を言ったりもしないのです。どんな時も「スタッフの方が何をすれば喜ぶか」と考えて行動します。

ですから多くのスタッフが手を差し伸べてくれるのです。

お客様、スタッフに対して「何をすれば喜ぶか」ということを常に考えて行動する。

これは多くのトップ営業が持つ共通の考え方です。

11年勤務した会社を辞めて独立した時のことです。

独立したものの仕事はほとんどありません。

時間だけはあったので「トップ営業の方や営業に関する本の著者に会ってみよう」と思ったのです。

著者であれば本の最後にメールアドレスかHPのURLが載っています。そこへ「ぜひお会いさせてください」といったメールを送り

ます。トップ営業は知人から紹介して頂きました。

　全員ではありませんが、何人かは実際にお会いさせて頂いたのです。

　そこで私は「成功するための秘訣は何でしょうか?」という質問をしていました。

　この質問に対して多くの方が、

・近くにいる人を喜ばせる
・まわりの人に感謝すること
・お客様を家族と思う

といった回答をしたのです。こういった回答を聞いて「やはりそれが結果を出す秘訣なんだな」と痛感しました。

　営業職であれば「トップ営業になりたいな」といった目標があるでしょう。こういった目標を持つのはいいことです。

　ただ、その前にまずは既にご契約頂いたお客様、近くのスタッフを喜ばせる必要があるのです。この意識を強く持っている人は必ず結果を出します。まずは今担当しているお客様に対して「何をすれば喜んでもらえるか」と考えて行動してみてください。

　目の前の人を一人ずつ喜ばせていけば、成功を回避することはできません。

POINT

**目の前の人が「どうすれば喜ぶか」
考えながら行動すること**

「紹介をもらう」前提で接する

Essence

1　紹介をもらえるお付き合いをする
2　「紹介してください」と何度か布石を打っておく

紹介をもらえるお付き合いをする

　営業スタッフにとって「お客様から紹介をもらえるかどうか」は非常に重要な要素になってきます。

「新規の契約は取れるが紹介がない」という営業スタッフははじめこそいいものの、途中で息切れして失速してしまいます。

　お客様から紹介がもらえるようになれば営業成績は安定します。

　長期で活躍することが可能になるのです。

　紹介は営業成績に直結します。

　何といっても、**紹介頂いたお客様は契約率が非常に高くなります。**

　しかも紹介者の方に「菊原さんに任せておけば安心だから」といってご紹介頂ければ決まったも同然です。一切の説明が必要ないケースもあります。

これほど楽なことはないのです。

とにかく営業スタッフにとって紹介をもらえるかどうかで「トップ営業になるか」それとも「並みの営業スタッフで終わるか」が決まるのです。

「紹介してください」と何度か布石を打っておく

ではその紹介はどうやってもらえばよいのでしょうか。

いくつか具体的な方法について紹介します。

営業スタッフ時代のことです。

一緒の営業所だった後輩はお客様からよく紹介をもらっていました。

知識は普通ですし、気がきくわけでもなく、とくべつ親切でもなかったのです。

にもかかわらず、トップ営業並みに紹介をもらっていました。

そのことを知りたくてその理由を質問したことがあります。

後輩「出会った時から"いい仕事をしますから友達を紹介してくださいね"と言っています」

私「出会った時から」

後輩「ええ、その時の方がかえって言いやすいですよ」

まさか、出会った時に依頼しているとは思ってもみませんでした。

私は長い間「紹介は契約をしてご満足頂いた後に依頼するもの」と思い込んでいたのです。

まさに目からうろこが落ちたようでした。

さらに、ポイントで「紹介をもらえると嬉しいんです。ぜひよろしくお願いします」と伝えるといいます。

　私とはお願いしているタイミングも回数も違っていました。

　だからたくさん紹介をもらっていたのです。

　このやり方が全員に効果的だとは思いませんが、積極的に紹介をもらう姿勢が、お客様にはまっていたのだと思います。

　もう一人、紹介をよくもらう営業スタッフがいました。

　その営業スタッフの秘訣は商談中、もしくは契約時に「引き渡しの時に会社の同僚を紹介してください」と数回伝えると言います。何度も伝えて布石を打っていきます。

　そして、引き渡し時に「では、お約束の紹介の件ですが」とお願いするのです。

　この時のコツはメモ帳を開き「今から紹介頂く方の名前と連絡先をメモしますから」といった動作をすると言います。

　このことでお客様は「約束していたし、誰か名前を出さないと」と真剣になります。

　ここまでしないと紹介は出ないのです。

　最後にもう一人、生保のトップ営業の紹介のコツをお伝えします。

　生命保険は情報源が紹介であることが多いのです。

　だからと言って「生命保険に入りそうな人を紹介してください」では誰も紹介してくれません。そうではなくお客様とゴルフの約束をして「お仲間でゴルフ好きな人を誘ってください」と言って知り合いを連れてきてもらいます。

　こうやってコツコツと見込み客を増やしているのです。

トップの成績を続けている営業スタッフは必ず多くの紹介をもらっています。

　今回紹介した方法を活用しながら１つずつ増やしてください。

　紹介の数が増えるたびに営業成績は間違いなく上がっていきます。

Essence

1 デジタル時代だからこそアナログが効く

2 人肌を感じるメッセージを送る

デジタル時代だからこそアナログが効く

IT化、ペーパーレス、DX(デジタルトランスフォーメーション)
など、気づけばこんな言葉が頻繁に飛び交うようになりました。
**デジタル全盛の時代になった今だからこそ「アナログツール」が
効いてくるのです。**

『AI分析でわかった トップ5%セールスの習慣』(越川慎司 著 ディ
スカヴァー・トゥエンティワン)の中に「テクノロジーをバリバ
リ使うことでドライな印象を持たれてしまわないよう、5%セール
スは、相手の状況によってアナログツールを使うようにしているそ
うです。商談相手にあえてアナログツールを使っているところを見
せると言う人もいました。」とあります。

アナログを使うと、わずかな温もりが生まれ、相手が受ける印象
も変わってくるのです。

そう聞いて「会社の指示でお礼状を出しているけど、なんの効果
もないよ」と思った人もいるでしょう。だとすれば少し工夫が足り

ないかもしれません。会社が用意したアナログツールをそのまま送っただけでは、感情がこもっておらず、何のインパクトも与えられず結果には結びつかないのです。

人肌を感じるメッセージを送る

　トップ営業は様々な工夫をしています。

　例えば、**アナログツールに「お客様の印象に残るひと言」を添えて送ります**。これだけでもお客様への印象がかなり違ってくるのです。

　実例を紹介します。異業種交流会に参加したことがありました。

　いろいろな営業スタッフと名刺交換をしましたが、その中の2人の方と仕事からプライベートまで結構深いところまで話をしました。仮にAさんとBさんとしましょう。その後、お二人からお礼状をいただきました。

・Aさんからのお礼状

　墨字で「ご縁」と大きく書かれており、その下に「出会いに感謝します」というメッセージが書かれてありました。

　いただいたことはありがたいのですが、なぜかあまり印象には残らなかったのです。

　それは型に沿ったお礼状だったからかもしれません。

・Bさんからのお礼状

　普通のハガキに、「ありがとうございます」にプラスして、「ちょっとした一言」メッセージが添えられていました。

　書かれている字はお世辞にもうまいとは言えません。

しかし、結果的にこのお礼状はとても印象に残ったのです。

理由はBさんから頂いたお礼状には、手書きで「群馬県でゴルフをしましょう」と書かれていたからです。

たったひと言ではありましたが**「自分のためだけにこのメッセージを添えた」**というのが伝わってきましたし、すごくうれしい気持ちになったのです。

一方Aさんのハガキは、他の人にも同じものを送っているように感じてしまいました。

「菊原さん」と書かれていた部分を「佐藤さん」に変えてもまったく問題ありません。これがAさんとBさんの違いだったのです。

私はその後、Bさんと連絡を取りゴルフの約束をしました。

それから何度かお会いし、Bさんから商品を購入したのです。アナログツールを活用して結果につなげている好例だと言えます。

ダメ営業時代の私もそうですが、苦戦している営業スタッフはお客様へ送るお礼状、暑中見舞い、年賀状などを、会社が用意した物やサンプルのような型をそのまま送っています。

リストを出して事務の人に丸投げ、といった感じです。

メッセージを添えることもありません。

アナログツールは印象に残るとはいえ、これではお客様の心はつかめないのです。

一方トップ営業は違います。

さまざまな業務に追われているにもかかわらず、必ずお客様とのエピソードや関連した事を書き添えて送ります。こういった地道な行動の差が大きな結果の差になって現れるのです。

知人のトップ営業は「しばらく送っていなかった年賀状を復活させましたよ」と言っていました。

　ひと言添えるのはもちろんのこと、年賀状に「こんな取り組みをしてお客様に喜んでもらえた」もしくは「おかげさまで多くの契約を頂きました」と1年の結果を伝えるように。それからさまざまなお客様から連絡があったと言います。

　年賀状を送ることに関して「見込み客発見ツール」と考え方を変えたのです。

　年賀状の是非は毎年のように問題になりますが、「とってつけたような年賀状」であれば不要だと考えます。ただし、お客様を思った年賀状は必要です。

　私自身も経験があります。

　ある年「はじめてトップになりました」と書いたところ、一人のお客様から「やったね菊原さん、じゃあご祝儀でカーポートの工事をお願いするよ」とリフォームの話を頂いたことがあります。年始にこういった話が舞い込むと幸先がいいものです。

　翌年も想像以上の結果を出すことができたのです。

　今はアナログツールが少なくなっているので、届けば必ず「誰から届いたのか」とチェックします。そこにひと言添えてあれば目を通すものです。こうしてお客様に印象付けていきます。デジタルの時代だからこそアナログツールでチャンスをつかんでください。

POINT

アナログツールでお客様の感情を動かすこと

RULE
33

クレームに真摯に
対応している

Essence

1 クレーム処理から逃げるとだめ
2 アンガーマネジメントを学ぶ

クレーム処理から逃げるとだめ

営業をやっていて最も気をつけなくてはならないのが「クレーム」です。

クレームをいかに減らせるか、そして発生したらどれだけ迅速に処理できるか。これは営業職の重要なテーマの一つです。

クレーム処理の重要性を理解していても、なかなか積極的に取り組む人はいません。

多くの営業スタッフは「クレーム処理がうまくいっても実績にならない。できれば関わりたくない」と思っています。

だからといって後回しにはできません。

対応が遅れれば大問題に発展し、火消しに大きな労力をつぎ込まなくてはならなくなります。

そのミスであなたが会社で積み上げてきた立場を失うこともあります。

とにかくクレームほど厄介なものはありません。

クレームを扱った本として有名な『社長をだせ！』（川田茂雄 著

宝島社）で、**不思議なものでクレームは、逃げれば逃げるほど追いかけてくるのです。—中略—「クレームからは決して逃げられない」というのが、私の実感です。**と述べられています。

　お客様からクレームの電話が入ったとします。

　他の仕事を止めてまでも対応を優先することになります。

　初動でミスを犯し、対応を間違えると問題をこじらせてしまうことになります。

　これは十分に注意しなくてはなりません。

　もしその電話に対して「今日は忙しいのでムリですねぇ」と軽くあしらったらどうでしょうか。お客様は激怒し、それこそ「社長を出せ！」となってしまいます。

　まずはすぐに対応することが必要不可欠です。

　またクレーム発生時にお客様の言ってくることに対して反論してはなりません。あまりにも理不尽なクレームであれば言い返したくもなるものです。これは十分に注意が必要です。

　お客様が言ってきたことに対してカチンときて「イヤイヤ、それはお客様が間違っていますよ。契約時に説明したじゃないですか」と言い返したらどうでしょうか。まさに火に油で、お客様はますますエキサイトします。その後、どんなにひどい状態になるか、想像に難くないでしょう。

アンガーマネジメントを学ぶ

　私の高校の先輩である安藤俊介さんが書いた『はじめての「アンガーマネジメント」実践ブック』（ディスカヴァー・トゥエンティワン）で、**私たちの怒りの正体は、「べき」という言葉だったのです。「〜するべき」「〜すべきでない」の「べき」です。—中略—私**

たちが怒るのは、自分が信じている「べき」が目の前で裏切られたときです。と述べられています。

　クレーム時、お客様は冷静ではありません。

　話を聞きながら「ちょっとそれはお客様が勘違いしているのでは」と思うことだってあります。こんな時はまずは反論せず、冷静な状態になるまで待つ必要があるのです。

　営業スタッフとお客様が冷静になってから話し合うようにしましょう。相手の主張にすぐ反論すると余計にこじれてしまいます。

　これはクレーム処理の鉄則です。

　また注意して頂きたいのは物静かにクレームを言ってくるお客様です。声を荒らげてクレームを言ってくる人は嫌なものですが、分かりやすいとも言えます。

　しかし、冷静で物静かに言ってくるお客様に対しては「ちょっとこちらの意見を主張してもいいかな」と思いがちになります。

　思わず「これは誤差なのでしょうがないんですよ」などと言ってしまいます。これが非常に危険なのです。

　私にも経験があります。

　物静かに意見を言ってきたので、やんわりと否定しました。

　お客様はその場では冷静な態度を取っていたものの。その後、カスタマーセンターに連絡します。ここから完全に関係が悪化しました。連絡を取っても「あなたでは話にならないので上司を呼んでください」と相手にもされなくなります。

　結果、お客様からも会社からも信頼を失ったのです。

　私の知人は飲食店を経営しています。

　静かにクレームを言うお客様に対して「これは仕方がないことで

すから」と軽く対応したことがあったといいます。

その時、お客様は「あぁ、わかりました」と納得してくれたように思えます。

しかし、後日、口コミサイトを見ると"評価１"とともに、事細かくその時の状況が書き込まれていたというのです。

今は評価社会です。情報化社会ではお客様からの評価が下がるというのは致命傷になります。

多くの人がネットの評価の数字を見て「このお店は4.1もあるから大丈夫だ」と決めたり、逆に「3.3かぁ、ちょっと微妙だな」と敬遠したりするのです。

その社長はつくづく「あの時、丁寧に対応しておけばよかった」と後悔していました。

トップ営業はクレームに対して真摯に取り組みます。

どんな些細なクレームだとしても丁寧に対応するのです。

クレームから逃げたり、雑な対応をしたりすれば営業人生の根幹を揺るがすほどの大問題へと発展します。

逆にしっかりと丁寧に対応すれば「この営業スタッフはさすがだ」または「この会社は他とは違う」と思われます。

トップ営業は総じてクレームに真摯な対応で立ち向かうのです。

POINT

クレームこそ迅速に真摯に対応すること

クレームは
「再購入率が上がる」
と心得ている

1 クレームを解決したお客様の方が再販率は高い
2 クレームは信頼関係を深めるチャンスである

クレームを解決したお客様の方が再販率は高い

消費者のクレームと再購入率の法則をまとめた「**グッドマンの第一法則**」と呼ばれるものがあります。

・クレームをつけなかったお客様の再販率　9.5％

・クレームをつけて解決したお客様の再販率　54.3％

・クレームをつけて解決しなかったお客様の再購入率　19.5％

それぞれ３つのデータを調査した結果として、まずはクレームをつけなかったお客様の再購入率は9.5％と言います。

10人に一人以下と聞くと「もうちょっとリピート率は高いのでは」といった印象を受けました。

今は似たような商品に溢れています。

仮に同じ商品を買う場合でも、「アマゾン、楽天市場、Yahoo!ショッピング」とすぐに金額とポイントを比較できます。

ネットに詳しくない人でも「今回は楽天から買うのが、一番ポイントが高そうだぞ」と比較したりするものです。

このように考えていくと「確かにリピート率は10%以下というのもうなずける」と納得できます。

　グッドマンの第一法則によると、クレームをつけてその解決に満足したお客様は"54.3%"にもなるというデータがあると言います。
　このグループのお客様はなんと"２人に１人以上"再購入しているというのです。
　これはすごい数字です。

　これは営業職を３年もしていれば、誰もが体験していることでしょう。
　グッドマンの第一法則で数字を知ったことで、よりクレームがありがたく感じられるようになるのではないでしょうか。

　普通のお客様よりクレームを解決したお客様の方が再販率は高い。
　これは納得できます。
　しかし、驚いたのはクレームをつけてその解決に不満を持ったお客様のリピート率です。
　問題が解決しなかったのですから「ほぼゼロになるのではないか」と予想していました。
　ところが、なんと"19.5%"再購入しているというのです。
　クレームをつけなかったお客様の再購入率が9.5%ですから、約２倍になります。
　これは驚きの数字ではないでしょうか。

　この数字は「クレームを言わず去っていくお客様がいかに多いか」ということを物語っています。

これは本当に気をつけなくてはならないのです。

「お客様が何も言ってこない」もしくは「クレームが無い」ということは実は危険であるとも言えます。

多くの人は「まあ、不満ではないけどリピートするまでもないな」と思って去っていくのですから。

クレームは信頼関係を深めるチャンスである

多くの営業スタッフは「クレームが無いから何の問題もない」と思っているでしょう。

しかし、これがリピート率、紹介数を下げている原因です。

お客様も真剣だからこそ「ちょっとこれ使えないんですけど」などとクレームを言ってくるのです。

そう考えるとクレームの捉え方が変わってきます。

あなたがお客様の立場のとき、何かにクレームをつけたことがあるでしょうか?

怒るのはとてもパワーを使います。

声を荒らげて文句を言えば頭に血がのぼってイライラしますし、けっこうなストレス状態が続きます。

実際ネガティブホルモンが出るため、体にかなりのダメージがあるのです。

メールで送るにしても、それなりの文章が必要になります。

5分、10分と時間を使います。

その間、イライラしてストレスホルモンが分泌されるのですから、精神にも体にも良くありません。

メールを送った後、鏡を見れば「なんか4〜5歳老けたな」とい

った気分になったりします。

　そんな代償を払ってまで、お客様はクレームをわざわざ伝えてくれるのです。

　そう考えてみれば、本当にありがたいことに思えます。

　お客様からのクレームの連絡を頂いたら、まずは「クレームを言って頂いたんだ。ありがたい」と思うようにしてください。

　感謝した上でグッドマンの第一法則を思い出し「クレームが来た時点で再購入率2倍になったぞ」と喜びましょう。

　そして、「キチンと対応すれば54.3%に跳ね上がる」と思うようにするのです。

　このように具体的な数字が頭に入っていれば、クレームの対処へのモチベーションも上がってきます。

　クレームが営業成績につながっていけば、怖いものは無くなっていきます。

POINT

クレームは販売に
つながるチャンスだと捉えること

売れる営業の「アフターフォロー」
Check List

目の前の人が「どうすれば喜ぶか」
考えながら行動すること

「紹介をもらおう」とする積極的な
行動を大事にすること

アナログツールでお客様の感情を
動かすこと

クレームこそ迅速に真摯に
対応すること

クレームは販売につながる
チャンスだと捉えること

第 8 章

売れる
営業の
「習慣術」

RULE

0

習慣にこだわる

健康と時間を大事に

売れる営業には、ひそかにやっている日々の習慣や、徹底した時間管理があります。

健康と成功のバランスを保つために、売れる営業は「習慣」にこだわっているのです。

まず、健康管理。

健康な体と心は、営業活動において大きな差を生み出します。

売れる営業スタッフは、適切な食事や運動、十分な睡眠を心がけることで、体力や集中力を維持しています。

健康な体は、お客様との対話やプレゼンテーションにおいて自信とエネルギーをもたらします。

次に、時間管理。

売れる営業は毎日のスケジュールをしっかりと組み、効果的な時間の使い方を徹底します。

時間の浪費を避け、優先すべきタスクに集中することで、成果を最大化しています。

時間を有効に活用することで、多くの商談や顧客対応をこなすことが可能なのです。

習慣の積み重ねが売れる営業を作る

　売れる営業の成功の鍵は、これらの習慣の積み重ねにあります。

　日々の小さな行動が、長期的な成功につながるのです。健康な体と心を持ち、効果的な時間管理を徹底することで、売れる営業スタッフは常に最高の状態でお客様に接し、成果を上げています。

　あなたも習慣を大切にし、売れる営業の道を切り拓いてみませんか？

　トップセールスの成功には、まず自身を変える『覚悟』が不可欠です。彼らは目標達成のために毎日の習慣を大切にしています。

　どのような習慣を持っているのか、この章でみていきましょう。

午前中に
仕事を終わらす

1 **無駄な時間を洗い出す**
2 **朝からのスタートダッシュがカギ**

無駄な時間を洗い出す

「破産する人は自分がいくらお金を使っているか把握していない」という話を聞いたことがあります。ある破産した会社員の方は「知らず知らずのうちに毎月、収入より10万円以上も使い込んでいた」といいます。ギャンブルでお金を使い込んだわけでもないのに破産してしまったというのです。「何にいくら使っているか?」をしっかりと把握していければ、こんなことにはならなかったでしょう。

これは時間の使い方にも言えることです。

ピーター・ドラッカー氏の『経営者の条件』(ダイヤモンド社)では、**私の観察では、成果を上げる者は仕事からスタートしない。時間からスタートする。計画からもスタートしない。時間が何にとられているかを明らかにすることからスタートする。次に時間を管理すべく、時間に対する非生産的な要求を退ける。**と述べられています。お金を管理されている人は多いと思いますが、時間に対しては軽視しがちな傾向にあると思います。

朝からのスタートダッシュがカギ

　私は営業スタッフに時間術のセミナーもさせて頂いております。

　参加の営業スタッフの方たちに「代表的な一日のスケジュール」を書いてもらうといったワークをしてもらいます。このワークをやってもらう理由は「効率的に時間を使えているかどうか」をチェックするためです。それと同時に「無駄にしている時間」を把握できるというメリットもあります。

　そのなかで長年トップの成績を残している人についてはある特徴がありました。

　その特徴とは「**スタートダッシュがいい**」ということです。

　朝出社したら一番重要な仕事から取り組み、どんどん仕事をこなしていきます。

午前中に重要な仕事の90％以上を終わらせるのです。

　その一方、苦戦している営業スタッフはスロースターターです。

　出社してもなかなか仕事を始めません。

　ゆっくりまったり仕事をはじめ10時、11時ごろになってからだんだんとペースを上げていきます。こういった営業スタッフに「午前中は主に何をしていますか?」と質問しても回答できません。この質問一つで「時間を無駄にしていることに気づいていない」ことが分かります。時間術をマスターする上で、重要なのは「自分の時間がどこに消えているのか?」を把握するということなのです。

『天才たちの日課』（メイソン・カリー 著　フィルムアート社）には、フロイトやマルクス、村上春樹まで161人の天才と呼ばれる人の毎日の習慣が書かれています。

天才たちのルーティンは人それぞれですが、傾向としては早起き

して午前中に仕事やクリエイティブな時間にあてている人が多くいました。

　これは、売れる営業とも共通していますね。

　あなたの代表的な１日はどんなスケジュールでしょうか。１日の時間の使い方について「自分が何にどれだけ使っているか?」について、できる限り書き出してみてください。これが時間を効率的に使うための第一歩になります。なかなか思い出せないという方はいくつか分けて考えてみてください。

　・朝起きてから出社までは何をしているか?
　・午前中は何をしているか?
　・午後は何をしているか?
　・残業する場合、何をしているか?

　このように時間帯を分けて考えると思い出しやすくなります。

　これをやっていただいたら次のステップです。

　先ほども言いましたが、時間術ではスタートダッシュが肝心です。具体的に言うと「**朝起きてから出社まで**」が**最も大切**だと言えます。私のトップ営業時代は毎朝５時に起きて、営業の戦略について考えたり、営業ツールを作ったりしていました。昼間は営業活動で忙しいですし、夜は疲れて考える気がしません。

　朝は誰にも邪魔されないのでゆっくり考えられます。また頭もクリアでいいアイデアがどんどん出てきます。これこそ最高の時間の使い方だと自負していました。

　ここで今の私の時間の使い方を少し紹介します。これを人に話すと「これをすれば成功回避不可能ですね」と言われます。

　・４時　起床

- 4時〜4時20分　ルーティーン（洗顔→水を飲む→軽い運動）
- 5時　ブログを書いて更新
- 5時〜6時30分　原稿を書く、メールの返信、授業や研修準備
- 6時30分〜7時30分　朝食、家事
- 8時〜その日予定していた仕事をする（大学に行く、研修に行く、残りの原稿を書く）

　こうした毎日を過ごしています。このスケジュールで活動していて失敗するのは非常に難しくなります。ちなみに今まで75冊の営業の本を出しましたが、一度も締め切りに遅れたことはありません。苦戦している営業スタッフがこのスケジュールを聞くと「絶対にムリだ」と拒絶します。

　もともと私も深夜の2時に寝るといった超夜型だったので気持ちは分かります。これを10年以上続けていたのでまさか自分が朝方になるとは思っていなかったのです。

　本来、人間は夜行性ではありません。時間をかければ必ず朝方に戻れるのです。

　あなたも「こう活動すればイヤでも成功するだろうな」というスケジュールを考えてみてください。もちろんはじめから無理することはありません。できるところからで構わないのです。

　1日では差がつかなくても1カ月、1年、2年と経過すればどんどん差がつくようになります。気づいたときに誰も追いつけないほどの結果を出していることでしょう。

POINT

午前中にスタートダッシュを決めること

決断力と集中力に長けている

1 決断のスピードを上げる
2 深い集中をする

決断のスピードを上げる

　私はコンサルタントをしているため様々な業界のトップ営業とお会いさせて頂きます。

　各業界のトップ営業を観察して、仕事以外の共通点を見つけるのも私の趣味の一つです。

　そこで発見した共通する特徴が2つあります。

　1つは「決断力がある」ということです。

　話をしていると「決断が早い」と思う場面がちょくちょく出てきます。

　何かを決める際「どっちでもいいけど、どうしようかな。誰かに聞いてみないと…」といった迷い方はしません。

　瞬時に判断して「私はこちらにします」とスパッと決めるのです。

　これはランチのメニュー決めから仕事に関することまで全般に言えることです。

また仕事に関しては自分の考えと合わないのであれば「私はこういったことはしません」とハッキリとするかしないかを決めます。

出来ないことは出来ないとしっかりと相手に伝えるのです。

自分の中での「判断軸」が明確になっているのです。

これは多くのトップ営業の方の特徴です。

深い集中をする

そして、**もう1つの特徴は「時間を忘れるほど集中力がある」**ということです。

「ゾーンに入る時間を持っている」とも言います。

トップ営業たちと話をしていると、必ずと言っていいほど「いやぁ〜○○をしていると時間を忘れます」といった話がでてきます。

先日お会いした方は「カメラをいじっていると何時間も経ってしまう」と話してくれました。

マニアック過ぎて理系の私でもなかなかついていけない話でしたが。つまり「今に集中する」という力に長けているということです。

ではこの2つの力を生まれ持って身につけていないとトップ営業になれないのでしょうか。

そんなことはありません。多くのトップ営業たちもはじめからそうだったわけではないのです。この2つの力はやり方次第で、どんどん鍛えられます。

決断力は身近なところでできます。

例えばですが、
・ランチのメニューをスパッと決める
・日用品を即決する
・プライベートの誘いに行くか行かないかすぐ決める
　といったことから始めるといいのです。

　これに慣れてきたら
・今日の営業活動を決める
・どのお客様を攻めるか決める
・ここでクロージングすべきか決める
　といったようにレベルアップしていきます。

　まずは出来ることからチャレンジしてみてください。
　また「今に集中する力」の鍛え方はとても簡単です。
　"マルチタスク"をやめて"シングルタスク"にすればいいのです。
　同時に何かする癖を止めることからスタートしてください。

　営業コンサルタントの和田裕美さんも、「どれも中途半端に終わってしまっては、何の結果も出せません。一度決めたらやり通すことが必要です。そのためには集中力がなくてはできません。この集中力は誰もがもっています。目の前の目的を達成するために、分散していた能力を結集し、一点集中で取り組むとき、非常に大きな力が発揮できるのです。」（『世界№2セールスウーマンの「売れる営業」に変わる本』（ダイヤモンド社）と語っています。

　今までは、"スマホを操作しながら何かを食べて人と会話をする"といった行動をしてきた人もいるかもしれません。
　それを１つ１つの行動に分けるのです。

例えば、

・筋トレする時は筋トレだけに集中
・何かを食べる時は集中してしっかり味わう
・話をする時はすべての作業を止めて相手の方を向く

など。すべてとは言いませんが、できることからチャレンジしてください。

決断力と集中力。

この２つの力を鍛えた時、間違いなく結果が出るようになります。

決断スピードと集中の質を鍛えること

短期目標と
長期目標を
立てている

1 目標設定の計り知れない効果
2 ノートと手帳を使う

目標設定の計り知れない効果

目標設定の重要性は誰もがご存じかもしれません。

ただし、時間がない方にとっては目の前のことにいっぱいいっぱいになったり、仕事に忙殺されたりして、見失ってしまうものです。

経営の神様とも呼ばれる稲盛和夫さんは「**目標を立てて、それを達成しようという強い心が動けば、これはもう成功したも同然です**」(『経営のこころ』PHP研究所)と語っています。

ダイエー代表取締役会長兼CEOなどを歴任し前横浜市長でもある林文子さんは、**目標を明確に設定すると、もし達成できないときでも、自分の足りない部分をレビューするのに役立つのです。人は自分のことを甘く見がちですが、目標設定を厳格化すれば、そういう曖昧さはなくなります。**(『失礼ながら、その売り方ではモノは売れません』／亜紀書房)と語っています。

目標があって損をすることはないのです。

私も営業スタッフ時代にある目標を立てました。

　その目標とは「定時で帰ってトップ営業の成績を残す」ということでした。

　この目標は簡単ではありません。契約数が増えると比例して仕事量が増えるからです。

　ちょっと油断するとすぐ残業になってしまいます。

　目標を立てながらも「さすがに無理だろうな」と思っていました。

　目標を立てて数年経ったころ、トップ営業になりました。ただし定時で帰るというのは実現できませんでした。

　次の年、お客様のランクアップから商談、契約、その後のフォローまでかなり効率化に成功しました。

　ツールを活用しましたし、まわりのスタッフの方にもご協力頂きましたが、その結果、1年間1日たりとも残業せずにトップの成績を残すことができたのです。

　表彰式で「2年連続のトップおめでとうございます」と言われた時、「目標達成したんだな」という気分になりました。

　その場では嬉しい気持ちをグッと抑え「みなさんのお陰ですよ」と冷静に答えます。

　その後、家に行ってすぐに「よっし！　やったぞ」と飛び上がってガッツポーズをしたのです。

　こういった気持ちは一生のうちに数えるほどしかないでしょう。

　こういった達成感を味わえる時ばかりではありません。

　目標を立てたものの途中で「これはちょっと難しいから下方修正しよう」などと変えたりします。そのうちに「今でなくてもいいかな」などと思いはじめ、だんだん記憶から消えていきます。

年末になったころに、その目標を見直して「今年１年は何をやったのか…」とガッカリするのです。目標を立て「それに向けて努力したのか？」それとも「何となく過ごしていて未達成で終わったのか？」では大きな違いになります。

　今、50歳であっても20歳だとしても「時間が限られた資源」であることは変わりません。

　有限である時間は無駄にはできないのです。

ノートと手帳を使う

　活動していく上で目標設定は不可欠です。
　幸い営業職は目標を持ちやすい職種です。
　こちらが望まなくともノルマという形で目標が設定されます。
　ノルマにはあまりポジティブなイメージはありませんが、何かを目標として行動できることには変わりはありません。達成すれば嬉しいものです。

　ではその目標はどうすれば達成する確率が上がるでしょうか。

「短期の目標」と「長期の目標」の２つをバランスよく持つことです。
　長年、売れる営業は長期の目標も短期の目標もしっかり立てています。
　どちらかが苦手だとしても問題ありません。
　苦手な部分はツールで補強すればいいのですから。

　その一つの解決策として「営業ノート」と「マンスリー手帳」を

活用することをおススメします。

　中長期の目標設定が苦手な方はマンスリー手帳をうまく活用します。

　見開きで1カ月のスケジュールが見えるのでイメージしやすくなるのです。

　また短期的な目標が見えない人は営業ノートを使います。

　タブレットかB5ノートに「今日必ずやるべきマストの仕事」と「時間があったらした方がいい仕事」をリストアップしていきます。

　たったこれだけでずいぶんと弱点をカバーできるようになります。

　まずは短期・中長期の目標を立ててください。

　どちらか弱い部分があればツールで補いましょう。

　両方のピントが合えば高確率で目標は達成していくものです。

POINT

長期と短期の目標設定をいますぐ行うこと

営業力を上げる勉強をしている

Essence

1 **筋トレのように日々トレーニングをする**

2 **コミュニケーションのトレーニングが効果的**

筋トレのように日々トレーニングをする

スポーツや趣味をしていて「この人はレベルが違うな」という方がいらっしゃいます。

ゴルフでもソフトボールでも。

こういった人たちは、毎日何かしら「基本トレーニング」をしています。

筋トレであったり、ジョギングであったりと、フィジカルな面だけではありません。

その種目に役立つ理論を勉強したり、基礎の部分である栄養学を学んだりと、幅広く学んでいるのです。

こうした毎日のトレーニングの積み重ねがあるからこそ、いい結果が出せるのです。

これは営業活動でも言えることです。

多くの書籍を拝読し、トップ営業から実際に聞いた結果、売れる営業がやっていた営業のトレーニングは次のようなことでした。

・ボイストレーニングや話し方教室に通う
・心理学を学ぶ
・トップ営業に話を聞きにいっている
・コミュニケーション力を磨いている
・書籍から営業ノウハウを学んでいる

　など。トップ営業は営業に関することに興味を持ち、それについて学びます。そしてこれを継続します。
　だからこそいい結果を出すことができるのです。

コミュニケーションのトレーニングが効果的

　営業で結果を出すために特に効果的なトレーニングがあります。
　それは「**コミュニケーションのトレーニング**」です。
　私はこれを「コミュトレ」と呼んでいます。

　私の知人に「この方のコミュニケーション能力はすごい」という営業がいます。
　もちろんいい成績をずっと残しています。
　その方は知らない人にでも積極的に自分からどんどん話ができます。
　距離の詰め方が上手いので嫌がられないためあっという間に仲良くなれるのです。
　もちろん生まれ持った才能もあります。
　しかし、それ以上にコミュニケーション能力を高めるための「コミュトレ」を欠かしていないのです。
　例えばですが、
・知り合いのいない初めての会に一人で参加する

・既に人間関係が出来上がっているグループに入っていく
・苦手ジャンルの人たちと交流する

　など、どれを聞いても「できればやりたくない」と思うことばかりです。
　会うたびに「いやぁ〜変な会に顔を出したらひどい目にあってね」といったような失敗話を聞きます。

　以前、この営業スタッフの方に「よくそんな変わった会を見つけられますね」と質問したことがあります。ネットやSNSで探すのはもちろんのこと、家にポストインされる会報に載っている会員の募集なども面白いと言います。
　こういったものをよく読むと「〇〇の方、募集！」「お気軽に参加ください」という情報がたくさんあります。
　なんとなく知ってはいたものの自分には関係ないと思っていたのです。
　この営業スタッフの方は常にアンテナを高くしており「これは面白い」と思ったらすぐに連絡を取ります。
　このように常にコミュトレしているからこそ「コミュニケーション能力が高い状態」を保てるのです。

　これは筋トレと同じですね。あなたの近くにも筋肉ムキムキの人が一人や二人いると思います。こういった体をしている人は、多少"筋肉がつきやすい"という体質もあるでしょう。
　しかし、その体を鍛えなければすぐに筋肉はなくなってしまいます。トレーニングしているからこそいい状態をキープできるのです。

私がやっているコミュトレを紹介します。

それは全く知らない人同士が当日集まりゴルフをする「一人ゴルフ」というものです。他人が集まってゴルフをします。ゴルフは休憩を入れると6時間前後かかります。その間ずっと一緒ですから、なかなかいいコミュトレになるのです。

ここまでの話を聞いて「それはちょっとハードルが高すぎる」と思った人もいるかもしれません。その場合の代替策として「身近な人に対して何か交渉してみる」ということをおススメしております。交渉と言っても大げさに考えることはありません。

例えばですが、
・こづかいアップの交渉をする
・欲しい物のプレゼン
・行きたいところを魅力的に伝える

こうした1つ1つが"営業の基本トレーニング"になるのです。

例えばこづかいの交渉をするとします。

奥さんに対して、単純に「おこづかい上げてよ」と頼んでもまず無理でしょう。

上げてもらう理由や伝える順番なども重要です。

話をしていいかどうかのタイミングも大切です。

これはいいトレーニングになるでしょう。

トップ営業は営業のトレーニングを欠かしません。

自分の好みの方法を見つけ、毎日続けてください。

POINT

**自分に合った営業のトレーニングを
コツコツとやってみること**

健康を大事にする

Essence

1 健康に気を遣う
2 コンディションを整える

健康に気を遣う

12年間「世界№.1のセールスマン」としてギネスブックにも認定されたジョー・ジラード氏は著書『営業の神様』(アルファポリス)の中で、営業スタッフに大切な13のルールを紹介していますが、その一番目に出てくるのが、「健康のための選択をする」ということでした。

「万全の健康状態を手に入れるための鍵は、一言でいえば規律だ。それは多くの人が健康でない(そして健康に見えない)最大の原因を突きつける。すなわち、食生活と運動だ。」

世界一の営業も、健康なくして成功はないと考えているのです。

私は幅広い年代の営業スタッフとの付き合いがあります。

多くの営業スタッフから「最近、体調の優れない日が多くなった」という話をよく聞きます。

40代、50代の中年営業スタッフはもちろんのこと、30代、いや20代でも「なぜかスッキリしない日が多い」といった悩みを抱え

ています。

　深酒したわけでもないのになぜか寝起きが悪いと言います。

　これでは仕事もはかどりませんし、営業へのモチベーションも上がらないものです。

　営業成績について調子が上がらなければ「何とかしなくてはならない」と必死になります。

　しかし、体のこととなると「そのうち何とかなるだろう」と放置してしまう人が多いのです。

　体調は営業成績に大きく影響します。

　例えばですが、お客様と対面した時、何かスッキリせず頭がボーッとした状態だったらどうでしょうか。

　お客様とのやり取りの中で、「いつもならばこんな質問など楽勝で返せるのに」と思いながら、いい回答が出てきません。

　ますます焦り、ピントがズレたことを言ってしまいます。

　それを聞いたお客様は「この営業スタッフはイマイチだな」と見切ります。これではいい結果につながらないのです。

コンディションを整える

　休調が整っていなければ、間違いなく営業の成績に悪影響があります。この不調はフィジカルからきている場合もありますし、メンタルからきている場合もあります。

　いずれにせよ、本来持っている実力が発揮できないのはなんともどかしいものです。

　数年前から仕事のパフォーマンスを向上させるために「体のコンディションを整える」ということがよく言われるようになりました。

　一昔前の昭和のトップ営業というと体をケアしているイメージは

まったくありませんでしたが、やはり身近でみていて体を壊してリタイアしていく人が多かったのです。

営業スタッフとして長期間、結果を出したいのなら「元気でキレのある体」をキープし続けるのは必須項目です。

私が知っている長年活躍し続けているトップ営業の方たちは健康系、パフォーマンス向上についてよく知っています。

では具体的にどのようにすればよいのでしょうか。

私が知人から話を聞いたり、書籍から学んだりして実行して、効果を感じている方法を紹介します。効果に関しては個人差がありますので、あくまで一例として参考にしてみてください。

まずはフィジカル面です。

実際、この方法で私は何倍もパフォーマンスが上がっています。

その効果的なリセット方法とは"午前中は飲み物だけにする"といったことです。

1　まずは前日、できる限り早く夕飯を食べておく
2　朝起きたら水を500ミリリットルくらい飲む
3　フルーツジュース（可能なら生のフルーツを搾る）を飲む
4　お腹が空いたら水を飲んで、お昼まで過ごす

プチ断食のようになって、驚くほど体が軽くなります。

本格的な断食はハードルが高いですが、この方法なら手軽にできます。まずはこの方法でフィジカル面をリセットしてみてください。

メンタル面をリセットする方法はこのような感じです。

1　どこかで１時間程度時間をとる
2　１枚紙を用意する
3　その紙に"気になっていること"をすべて書き出す
・漠然とした悩みや不安（社会情勢が悪い）
・まだ手を付けていない仕事
・締め切りに追われていること
・プライベートの悩み

などなど。
思いついたことをすべて書き出していきます。
そして今考えられる解決策を考えます。

・漠然とした悩みや不安（社会情勢が悪い）　→　これは気に
　しない
・まだ手を付けていない仕事　→　明日フレームだけ作る
・締め切りに追われていること　→　今日中にやってしまう

　これでかなり頭がリセットされます。定期的にフィジカル面とメ
ンタル面をリセットする習慣を身につけてください。自分が持って
いるパフォーマンスをフルに発揮できるようになれば結果は必ずつ
いてきます。

POINT

**フィジカルとメンタルをリセットしながら、
コンディション良く働くこと**

楽しみながら
継続している

Essence

1 体力を大事に
2 楽しみを見つける

体力を大事に

　私の友人は軽量級のプロボクサーでした。

　軽量級でも実際はパンチの音などテレビとは比較にならないほど迫力があります。

　その知人がよく言っていたのは**「結局、タフなヤツが勝つ」**ということです。

　いくらテクニックがあっても、体力がないと試合には勝てません。

　ラウンドが進むごとにキレがなくなってきます。

　少しぐらい劣っていてもタフな選手が最後は勝つといった試合をたくさん見てきました。

　これは営業で特に言えることです。

　営業の世界は「この人はすごいセンスだ」という人が時々現れます。

　人たらしで営業センスがバツグンなため、入社してすぐに結果を出します。

　半年くらいでトップレベルに到達することもありました。

　こういった人を見ると「本当にうらやましい」と思ったものです。

このまま好成績を維持し続ける人もいます。

　しかし、多くの営業スタッフは「はじめは勢いがあったけど、３年経ったら普通になった」というパターンが多いのです。

　あなたの会社にもいるはずです。

　私がやっていた住宅営業は契約を取った後も仕事がたくさんあります。

・契約後の打合せ

・上棟、工事の立ち会い

・アフターフォロー

　など、契約が増えればそれに比例して様々な業務に忙殺されます。

　その１つ１つに体力を奪われ次第に勢いを失っていくのです。

　そして体力を奪われたところにドカンと「一発大きいクレーム」を食らいます。

　クレームの怖さを味わうと「契約への恐怖心」が生まれます。

　こうして普通の営業スタッフになってしまうのです。

　こういった営業スタッフとは逆に営業センスがなく「この人は営業はやめた方がいい」と思う人もいます。

　しかし、まじめでコツコツ努力をします。こういった人はタフな人が多いのです。

　いわゆる「打たれ強い」というタイプです。

　どんなに失敗してもあきらめません。

　少しずつではありますがじわじわと成長していきます。

　時間はかかるもののいつの間にかトップレベルの営業スタッフになったりするのです。

　私の上司だった人のことです。

Hさんは真面目でしたが不器用なタイプ。

　効率が悪く何をするにも時間がかかる人でした。

　しかし、何事もコツコツ取り組むタイプです。

　しかも平然と長時間働きます。

　Hさんは体力があるとか、根性があるという感じではなくとにかく「住宅営業が好き」という感じです。お客様に断られようが、失敗しようがどんなことも楽しんでやっていました。

　だから長時間働いても体力もメンタルも持ちこたえたのでしょう。

　時間はかかったものの毎年安定してトップレベルの成績を残すように。まさにタフな人が勝つ典型のような人でした。

　個人コンサルティングでのことです。

　保険の営業スタッフの方からこんな話を聞きました。

　ある時、伝説的な営業スタッフに「しばらく同行させてください」とお願いします。

　いわゆる"カバン持ち"です。

　カバン持ちをする前は「伝説の営業スタッフなんだから、きっとすごいトークやノウハウを学べる」と期待します。

　しかし、実際はまったくイメージと違います。

　どこを見ても基本的な行動ばかり。

　特別なことなど一つもなかったというのです。

　この伝説の営業スタッフは基本的なことを飽きずに続ける「タフなタイプ」です。

　その時は「トップといってもふたを開けてみれば努力と継続だったんだ」と少し残念だったもののそれと同時に「努力と継続しかな

い」と決意できたというのです。

　多くの営業スタッフは「ひとこと言えば簡単に取れるすごいテクニックがあるんだろうな」と存在しないことをずっと夢見ているかもしれません。

　残念ながらこんなものは存在しないのです。

　それに早いうちに気が付けるかどうかが、トップ営業になるか、凡人営業で終わるかの分かれ道になります。

楽しみを見つける

　ただ我慢強く続けるタフさではいけません。

楽しみながら続ける必要があります。

　知人のトップ営業の口癖は「どうせやるなら楽しんで」です。これはタフな人の必須条件なのです。

　結局、結果を出す人は「楽しんで続けている」ということです。「自分が何をやっていれば楽しく営業できるか」を考えながら行動しています。

　どんな才能を持っている人より結局タフな人が残ります。

　楽しみながら続けていくことを意識しましょう。

POINT

楽しみを見つけて継続していくこと

売れる営業の「習慣術」
Check List

午前中にスタートダッシュを
決めること

決断スピードと
集中の質を鍛えること

長期と短期の目標設定を
いますぐ行うこと

自分に合った営業のトレーニングを
コツコツとやってみること

フィジカルとメンタルをリセットしながら、
コンディション良く働くこと

楽しみを見つけて
継続していくこと

おわりに

　今日も多くの営業スタッフたちが間違った方法で営業活動を続け
ています。

　**自分が買う立場になれば「なんて迷惑なんだ」と分かるのです
が、売る立場になると途端に分からなくなってしまう……これが営
業の怖いところです。**

　さらには「売れない活動」も習慣化します。
　結果が悪くとも「まあ、こんなものだろう」と間違った方法を惰
性で続けてしまいます。
　さらにはお客様や環境のせいにすることもあるでしょう。
　これでは、いつまで経ってもダメ営業から抜け出すことはできな
いのです。

　ほとんどの営業スタッフは「こんな惨めな思いをいつまでするの
だろう……」と思いながらも何の対策も打ちません。

　1日営業活動をすれば仮にサボっていたとしてもそれなりに疲れ
ますし、そこから営業の本を開いて勉強しようとも思えないので
す。

ただ、この気持ちはよく分かります。

　売れない営業時代の私は結果を出せない状態が長く続き、自分のふがいなさにイライラしていました。

「何か手を打たなければ」と思いながらも書店を素通りします。
　家に帰れば真っ先に冷蔵庫を開け、ビールに手を伸ばしてしまっていたのです。

　多くの営業スタッフが「今のままでは一生売れるようにならない」と分かりながらも、そこから抜け出せずにいます。

　そんな中、あなたは自分のお金を使いこの本を購入して、営業について学びました。
　自腹を切って購入した方も素晴らしいですが、何かのきっかけで手にして読んだとしてもありがたいことです。

　しかも、私が数百冊読んだ上で「最も知って欲しいエッセンス」を抽出したものを学んだのです。あなたは極めて価値のある知識を得たことになります。

　そのことにまずは自信を持ってください。

本づくりには「初稿」という、編集者の方から最初に受け取る原稿があります。
　初稿を読んでチェックしている際、「もしこの本に出会っていたらダメ営業時代がもっと短くすんだだろうな」と悔しい思いがしました。

　今までいろいろな営業の本を書いてきましたが、ここまで秘訣が凝縮された内容はありません。

　なにしろ100人以上のトップ営業、凄腕営業スタッフ、有名コンサルタントたちのノウハウが1冊にまとまっているのですから。

　この本を読んで頂いて何が一番、印象に残ったでしょうか。
　人それぞれ響く内容が違ってくるでしょう。

　本書で学んだ売れるルールをまずは１つでもいいので実行してみてください。

　ちょっとした考え方の違い、もしくはちょっとトークを変えただけで、流れがガラッと変わることもあります。
　今まで、そういった営業スタッフたちをたくさん見てきました。

私が個人コンサルティングをさせて頂いた時のことです。

　20代後半の営業スタッフで入社からずっと成績が思わしくなく苦戦していました。
　真面目なのですが、融通が聞かないのが欠点だったのです。
　彼は「会社から与えられているトークを順番にしていけば絶対に結果が出る」といった考えを持っていました。
　それをやんわり否定すると「これで結果を出している先輩もたくさんいますから」とひかないのです。

　そこで私は「そのトークの前に"警戒心を解くステップ"を追加するようにしてみてはどうだろう」とアドバイスしました。

　彼は、今までのトークが変わらないのならばいいと承諾してくれます。

　警戒心を解くトークとしては「ここ最近、蒸し暑い日が続きますね」といった天気の話をするときもあれば「あそこのスーパーの一角にわらび餅のお店ができたようですね」といった地元ネタをするなど様々にあります。

　このトークを意識し始めたところから、今までそっぽを向いていたお客様が、急に感じ良く話をしてくれるようになったというのです。
　トークの内容ではなく「お客様に寄り添うこと」を意識できたのが大きかったのでしょう。

それからは今まで学んだノウハウが機能しだします。

接客時間も一気に伸び、商談数が倍増します。

結果が出て営業が楽しくなったのでしょう。

その他にもいろいろ勉強するようになったのです。

さらには「先輩がこんな話で警戒心を解いている」ということが見えるようになります。

次々にネタを増やしていったのです。

それからしばらくして彼は結果を出しました。

たった1つのノウハウで、長年のダメ営業から抜け出したのです。

あなたは本書にて「営業で結果を出すためのノウハウ」を学びました。

知識のベースができたのです。

実は世の中にはさまざまな売れるための秘訣が存在しています。

これからは、その秘訣を次々に発見できるようになります。

営業活動の時だけでないでしょう。

・**自分が買い物をしている時**

・**セールスの電話を受けた時**

・**売り込みメールを読んでいる時**

・**友達との会話**

などなど、意外なところから、すごいノウハウを見つけられたりします。

こうなるとあなたの営業活動に良い循環が起きます。

結果を出さない方が難しくなるのです。

最初はたった1つのノウハウを学んだだけだったかもしれません。

しかし、それが呼び水となり、やがては大きな成果に結びつくことになります。

本書で学んだ知識はとても価値のある内容です。

まずは1つだけでも実践してみてください。

あなたが営業で思いどおりの結果を出し、大活躍することを心より願っています。

最後に株式会社KADOKAWAの大野さんにお礼を述べたいと思います。

大野さんとは5年以上の付き合いになります。

今回、大野さんに「営業の本を100冊まとめたものを作りましょう」と声をかけて頂きました。

その際「確かにそういう本があったら営業スタッフの方たちは喜ぶだろうな」と思うと同時に「この本をつくるのは大変だな」と思ったのです。

私も原稿を書くにあたりいつも以上に時間をかけましたが、本当にご苦労頂いたのは編集の大野さんです。

原稿をチェックおよび参考文献をまとめて頂いたことに心より感謝いたします。

読者の方へ。

　ここまでお読み頂きありがとうございました。

　本を出すたびに毎回買って頂いたり、毎日blogを読んで頂いている皆様も本当にありがとうございます。

　最後の最後に、家族へ感謝の言葉で締めさせて頂きます。

　いつも本当にありがとう。

営業コンサルタント

関東学園経済学部講師

菊原　智明

参考にさせていただいた書籍リスト <small>（順不同）</small>

この本を執筆するにあたり、引用や参考にさせていただいた書籍です。「セールス」「マーケティング」「話し方」など、営業に必須のテーマの中から、名著・ベストセラー・ロングセラーを 100 冊厳選しています。私自身がかつて営業活動を行っていた際や、現在も参考にさせていただいている書籍、そして現役のトップ営業たちも口々におすすめする良書ばかりです。

1 『なぜハーバード・ビジネス・スクールでは営業を教えないのか？』フィリップ・デルヴス・ブロートン／プレジデント社

2 『営業の神様』ジョー・ジラード、トニー・ギブス／アルファポリス

3 『私はどうして販売外交に成功したか』フランク・ベトガー／ダイヤモンド社

4 『セールス・イズ　科学的に「成果をコントロールする」営業術』今井晶也／扶桑社

5 『無敗営業 「3 つの質問」と「4 つの力」』高橋浩一／日経 B P

6 『営業は台本が 9 割』加賀田裕之／きずな出版

7 『即決営業』堀口龍介／サンマーク出版

8 『営業の魔法』中村信仁／ビーコミュニケーションズ

9 『営業 野村證券伝説の営業マンの「仮説思考」とノウハウのすべて』冨田和成／クロスメディア・パブリッシング

10 『ンン・営業力』天野眞也／クロスメディア・パブリッシング

11 『超★営業思考』金沢景敏／ダイヤモンド社

12 『大型商談を成約に導く「S P I N」営業術』ニール・ラッカム／海と月社

13 『THE MODEL　マーケティング・インサイドセールス・営業・カスタマーサクセスの共業プロセス』福田康隆／翔泳社

14 『できる営業は、「これ」しかやらない 短時間で成果を出す「トップセールス」の習慣』伊庭正康／PHP研究所

15 『この1冊ですべてわかる 営業の基本』横山信弘／日本実業出版社

16 『凡人が最強営業マンに変わる魔法のセールストーク』佐藤昌弘／日本実業出版社

17 『成功の9ステップ』ジェームス・スキナー／幻冬舎

18 『インサイドセールス 訪問に頼らず、売上を伸ばす営業組織の強化ガイド』茂野明彦／翔泳社

19 『チャレンジャー・セールス・モデル 成約に直結させる「指導」「適応」「支配」』マシュー・ディクソン／海と月社

20 『真実の瞬間―SAS（スカンジナビア航空）のサービス戦略はなぜ成功したか』ヤン・カールソン／ダイヤモンド社

21 『人は見た目が9割』竹内一郎／新潮社

22 『ドリルを売るには穴を売れ』佐藤義典／青春出版社

23 『営業マンは「お願い」するな！』加賀田晃／サンマーク出版

24 『かばんはハンカチの上に置きなさい トップ営業がやっている小さなルール』川田修／ダイヤモンド社

25 『はじめての「アンガーマネジメント」実践ブック』安藤俊介／ディスカヴァー・トゥエンティワン

26 『一生使える「営業の基本」が身につく本』山本幸美／大和出版

27 『おかげさまで、ご紹介で営業しています。』鎌田聖一郎／すばる舎

28 『内向型営業マンの売り方にはコツがある ムリに自分を変えないほうがうまくいく！』渡瀬謙／PHP研究所

29 『なぜ、相手の話を「聞く」だけで営業がうまくいくのか？』青木毅／サンマーク出版

30 『影響力の武器 実践編［第二版］』ノア・J・ゴールドスタイン、スティーブ・マーティン、ロバート・B・チャルディーニ／誠信書房

31 『売り込まなくても売れる！ 説得いらずの高確率セールス』ジャック・ワース、ニコラス・E・ルーベン／フォレスト出版

32 『2200社で導入営業の見える化』長尾一洋／中経出版

33 『「この人から買いたい！」と思わせる技術　契約率・売上を倍増させる合意形成力 虎の巻』鷹尾豪／幻冬舎

34 『電話だけで３億円売った伝説のセールスマンが教える　お金と心を動かす会話術』浅川智仁／かんき出版

35 『経営者の条件』ピーター・ドラッカー／ダイヤモンド社

36 『セールスコピー大全　見て、読んで、買ってもらえるコトバの作り方』大橋一慶／ぱる出版

37 『元ルイ・ヴィトン顧客保有数 No.1　トップ販売員の接客術』土井美和／大和出版

38 『NEW SALES　新時代の営業に必要な７つの原則』麻野耕司／ダイヤモンド社

39 『“基本にして最高の営業術”総まとめ　営業１年目の教科書』菊原智明／大和書房

40 『一生断られない営業法　世界トップ営業が明かす“魔法の一言”で、100 の出会いが 100 のチャンスに変わる！』牧野勝彦／大和出版

41 『世界No.２セールスウーマンの「売れる営業」に変わる本』和田裕美／ダイヤモンド社

42 『戦略質問 企業の課題と解決策を見抜く』金巻龍一／東洋経済新報社

43 『４年連続トップセールスマンが書いた　できる営業マンになる本』高城幸司／ダイヤモンド社

44 『日本で唯一！　ＭＢＡクラスの「営業」の教科書』北澤孝太郎／徳間書店

45 『売れすぎて中毒になる　営業の心理学』神岡真司／すばる舎

46 『プルデンシャル流　心を磨く営業』プルデンシャル生命保険株式会社／プレジデント社

47 『営業は準備力　トップセールスマンが大切にしている営業の基本』野部剛／東洋経済新報社

48 『ソリューション営業の基本戦略』高橋勝浩／ダイヤモンド社

49 『最強の営業戦略』栗谷仁／東洋経済新報社

50 『トップセールスマンになる！ アポ取りの達人 「会えば売れる」見込み客づくりとアポ取りのテクニック。』津田秀晴／ぱる出版

51 『「営業」で勝つ！ランチェスター戦略』福永雅文／ＰＨＰ研究所

52 『「Ａ４」１枚アンケートで利益を５倍にする方法』岡本達彦／ダイヤモンド社

53 『失敗の科学』マシュー・サイド／ディスカヴァー・トゥエンティワン

54 『リクルートのトップ営業が後輩に伝えていること 一人前の営業になる６つの習慣』的場正人／日本経済新聞出版

55 『「営業の仕事」についてきれいごと抜きでお話しします』川田修／三笠書房

56 『御社営業部の「病気」治します』藤本篤志／日本経済新聞出版

57 『ランチェスター No.1 理論 小さな会社が勝つための３つの結論』坂上仁志／ダイヤモンド社

58 『90 日間でトップセールスマンになれる最強の営業術』野部剛／東洋経済新報社

59 『すべての営業のための 絶対達成バイブル』横山信弘／フォレスト出版

60 『優れた営業リーダーの教科書』北澤孝太郎／東洋経済新報社

61 『社長をだせ！ 実録クレームとの死闘』川田茂雄／宝島社

62 『ロジカル・セリング 最強の法人営業』近藤敬、斎藤岳／東洋経済新報社

63 『大前研一と考える「営業」学』大前研一／ダイヤモンド社

64 『AI 分析でわかった トップ５％セールスの習慣』越川慎司／ディスカヴァ・トゥエンティワン

65 『世界最高位のトップセールスマンが教える 営業でいちばん大切なこと』小林一光／ＳＢクリエイティブ

66 『「まじアポ」を確実に！ 90 秒テレアポ営業術』吉野真由美／ダイヤモンド社

67 『サービスの達人たち ヘップバーンを虜にした靴磨きからロールスロイスのセールスマンまで』野地秩嘉／新潮社

68 『プロフェッショナルセールスマン 「伝説の営業」と呼ばれた男の壮絶顧客志向』神谷竜太／プレジデント社

69 『営業という仕事を2文字で説明してください』山下義弘／すばる舎リンケージ

70 『「3つの言葉」だけで売上が伸びる質問型営業』青木毅／ダイヤモンド社

71 『1億稼ぐ営業の強化書』市村洋文／プレジデント社

72 『失礼ながら、その売り方ではモノは売れません』林文子／亜紀書房

73 『スゴい営業そこまでやるか』日経産業新聞編集部／日本経済新聞出版

74 『Ｎｏ．1営業力 脳を理解すれば誰でも奇跡のトップセールスになれる』西田文郎／現代書林

75 『営業マンは「商品」を売るな！』加賀田晃／サンマーク出版

76 『セールスの王道 会う前に8割の勝負は決まっている』大高弘之／ぱる出版

77 『トップセールスには、なぜ「いいお客さま」が集まってくるのか？』横田雅俊／ダイヤモンド社

78 『1000円ゲーム 5分で人生が変わる「伝説の営業法」』江上治／経済界

79 『知識ゼロからの営業入門』川田修／幻冬舎

80 『一瞬で信じこませる話術 コールドリーディング』石井裕之／フォレスト出版

81 『一瞬でお客の心をつかむ飛び込み営業術』細見昇市／ゴマブックス

82 『営業は自分の「特別」を売りなさい』辻盛英一／あさ出版

83 『プロフェッショナル講座 営業力 「顧客の心」に処する技術と心得』田坂広志／ダイヤモンド社

84 『住宅営業マンぺこぺこ日記 「今月2件5000万！」死にもの狂いでノルマこなします』屋敷康蔵／三五館シンシャ

85 『営業の一流、二流、三流』伊庭正康／明日香出版社

86 『経営のこころ 会社を伸ばすリーダーシップ』稲盛和夫、稲盛ライブラリー編／ＰＨＰ研究所

87 『営業力100本ノック』北澤孝太郎／日本経済新聞出版

88 『「営業の基本」がしっかり身につく本』岩泉拓哉／かんき出版

89 『奇跡の営業』山本正明／サンマーク出版

90 『トップセールスが絶対言わない営業の言葉』渡瀬謙／日本実業出版社

91 『「トップセールス」1000人の結論　営業は感情移入』横田雅俊／プレジデント社

92 『あたりまえだけどなかなかできない　営業のルール』西野浩輝／明日香出版社

93 『できる大人の「見た目」と「話し方」』佐藤綾子／ディスカヴァー・トゥエンティワン

94 『天才たちの日課　クリエイティブな人々の必ずしもクリエイティブでない日々』メイソン・カリー／フィルムアート社

95 『シュガーマンのマーケティング30の法則　お客がモノを買ってしまう心理的トリガーとは』ジョセフ・シュガーマン／フォレスト出版

96 『トップセールスの段取り仕事術』小森康充／ＰＨＰ研究所

97 『なぜ、私はＢＭＷを３日に１台売ることができたのか』飯尾昭夫／ダイヤモンド社

98 『営業マンにホントに必要な「数字」の話をします。』深沢真太郎／U-CAN

99 『営業は運ではございません。』高野孝之／ディスカヴァー・トゥエンティワン

100 『営業の鬼100則』早川勝／明日香出版社

【著 者】
菊原智明（きくはら・ともあき）
◎──営業コンサルタント
◎──関東学園大学　経済学部講師
◎──社団法人営業人材教育協会理事

群馬県生まれ。大学卒業後トヨタホームに入社し、営業の世界へ。「ロベタ」、「あがり症」に悩み、7年もの間クビ寸前の苦しい営業スタッフ時代を過ごす。「対人恐怖症」にまで陥るも、"訪問しない" "お客様に望まれる" 営業スタイルを確立。突如、顧客の90％以上から契約を得て、4年連続トップの営業スタッフに。約600名の営業スタッフの中において MVP を獲得。2006年に独立。営業サポート・コンサルティング株式会社を設立。現在、経営者や営業マン向けのセミナー、研修、コンサルティング業務を行っている。2010年より関東学園大学にて学生に向け全国でも珍しい【営業の授業】を行い、社会に出てからすぐに活躍するための知識を伝えている。また (社) 営業人材教育協会の理事として営業を教えられる講師の育成にも取り組んでいる。2023年までに75冊の本を出版。ベストセラー、海外で翻訳多数。

カバーデザイン	井上新八
本文デザイン・DTP	荒井雅美（トモエキコウ）
イラスト	竹田嘉文
校正	鴎来堂
編集	大野洋平

営業本のベストセラー100冊を分析して、売れる営業のルールまとめました。

2023年9月26日　初版発行

著　者	菊原智明
発行者	山下直久
発　行	株式会社KADOKAWA
	〒102-8177　東京都千代田区富士見2-13-3
	電話 0570-002-301（ナビダイヤル）
印刷所	大日本印刷株式会社
製本所	大日本印刷株式会社